Sem o Véu das Ilusões

Uma história inesquecível!

Roberto de Carvalho
pelo Espírito Basílio

Sem o Véu das Ilusões

Uma história inesquecível!

Aliança

2ª edição, Março/2013, do 28º ao 30º milheiro

Título
Sem o Véu das Ilusões

Autor
Roberto de Carvalho

Revisão
A.R. Carvalho

Diagramação
Sonia Maria da Silva

Capa
Sonia Maria da Silva

Impressão
Rettec Artes Gráficas e Editora Ltda.

Ficha Catalográfica

Dados Internacionais de Catalogação na Publicação (CIP) — Câmara Brasileira do Livro | SP | Brasil —

Basílio (Espírito)
Sem o Véu das Ilusõrs: uma história inesquecível / pelo Espírito Basílio; [psicografado por] Roberto de Carvalho.--2. ed.
São Paulo : Editora Aliança, 2013.

ISBN: 978-85-70008-095-0

1. Espiritismo 2. Psicografia 3. Romance espírita I. Carvalho, Roberto de. II. Título.

13-02850 CDD-133.9

Índice para catálogo sistemático:

1. Romance espírita psicografado : Espiritismo 133.9

Editora Aliança
Rua Major Diogo, 511 - Bela Vista - São Paulo - SP
CEP 01324-001 | Tel.:(11) 2105-2600 | Fax: (11) 2105-2626
www.editoraalianca.com.br | editora@editoraalianca.com.br

Sumário

Prólogo – 2ª edição 6
Mensagem aos leitores........................ 10

Primeira parte

A fuga inútil................................... 15
1 - O equívoco 16
2 - O médico 24
3 - O príncipe encantado......................... 28
4 – Paixão 33
5 - O desespero 39

Segunda parte

Desapontamento................................ 46
6 - Confusão mental 48
7 - Vivendo na lama................................. 54
8 - Evocação e socorro 62

Terceira parte

O abrigo.. 78

9 - Ivone e Augusto 82
10 - O Espírito guia 95
11 - Um lugar especial 95
12 - Encontro com o passado 103
13 - Abandono 114
14 - Geremias 122
15 - O professor 132
16 - O compromisso 143
17 - Uma missão especial 156

Quarta parte

Estela *171*
18 - Fabrício e Ângela 172
19 - O parto 182
20 - A escolha 195
21 - Dura expiação 204

Quinta parte

Vida nova 211
22 - O retorno 212
23 - A revelação 227
24 - Mudando de vida 236
25 - Epílogo 244

Prólogo — 2ª edição

Em agosto de 2007, os arquivos deste romance já estavam prontos para serem enviados à gráfica, mas uma grande dúvida ainda me inquietava: seria definitivo ou provisório o título que eu vinha utilizando até então? Algo dizia que deveria ser mudado, mas nenhuma ideia surgia com clareza suficiente para ser aceita como sugestão do autor espiritual.

Na noite de 20 de agosto daquele ano, fui assistir a uma palestra num Centro Espírita localizado no bairro da Liberdade, em São Paulo. Após a palestra, enquanto aguardava o momento de receber o passe magnético, recebi mentalmente a seguinte mensagem:

Morrer na carne é somente
deixar as limitações
e encarar-se, frente a frente,
sem o véu das ilusões.

Inicialmente, achei que fosse apenas mais uma trova dentre as muitas que me são inspiradas em certas ocasiões. Mas, o último verso ficou martelando em minha mente a noite inteira e eu acordei na manhã seguinte com a certeza de que era uma sugestão enviada pela espiritualidade para ser usada como título do romance.

A mensagem era bem clara: em nosso retorno ao plano espiritual, sem termos como nos esconder sob o véu representado pela vestimenta corpórea utilizada no plano terreno, não temos alternativa a não ser nos encararmos como verdadeiramente somos e nos alegrarmos ou lamentarmos essa realidade, dependendo de como utilizamos a oportunidade de crescimento oferecida pelo Criador, durante o período encarnatório que nos foi concedido.

Foi assim que surgiu o título da história.

A primeira edição de Sem o Véu das Ilusões, publicada em setembro de 2007, seguida de várias reimpressões, surpreendeu pelo enorme sucesso alcançado e se tornou, a exemplo de A cabana das Flores, um dos mais populares romances publicados pela Editora Aliança.

Com o sucesso alcançado, a trama foi transformada em radionovela e apresentada em capítulos na Rádio Boa Nova, no ano de 2008.

De várias partes do Brasil, surgiram depoimentos emocionados de leitores, afirmando que a leitura de Sem o Véu das Ilusões contribuiu significativamente como fator de esclarecimento e consolo, aliviando muitos corações pesarosos, atingidos pelo infortúnio do suicídio praticado por algum ente querido.

Esperamos que esta segunda edição possa também ser coroada de êxito, contribuindo para o entendimento das leis universais que nos regem, mas, principalmente, reforçando a máxima de que o Criador é infinitamente justo e amoroso, e que jamais relega seus filhos ao sofrimento eterno.

Fraterno abraço!
Roberto de Carvalho

Mensagem aos leitores

Sem o Véu das Ilusões é um episódio romanceado, que se baseia em situações bastante comuns na história dos homens, durante a sua passagem pela Terra; ou seja a busca desesperada pelo suicídio como rota de fuga para problemas que parecem insolúveis.

Ao abordar um assunto tão delicado, não pretendemos sugerir que haja uma padronização às consequências do drama vivido pelos suicidas, nem insinuar que existam critérios únicos de ordem expiatória como pena para esta equivocada atitude.

Na questão 957, de O Livro dos Espíritos, Allan Kardec fez a seguinte pergunta:

"Quais, em geral, com relação ao estado do Espírito, as consequências do suicídio?".

Ao que os Espíritos responderam:

"Muito diversas são as consequências do suicídio. Não há penas determinadas e, em todos os casos, correspondem sempre às causas que produziram. Há, porém, uma consequência a que o suicida não pode escapar; é o desapontamento. Mas, a sorte não é a mesma para todos; depende das circunstâncias. Alguns expiam a falta imediatamente, outros em novas existências, que será pior do que aquela cujo curso interromperam".

E, a seguir, o codificador da Doutrina Espírita faz um comentário sobre o suicídio que assim se inicia:

"A observação, realmente, mostra que os efeitos do suicídio não são idênticos. Alguns há, porém, comuns a todos os casos de morte violenta e que são a consequência da interrupção brusca da vida. Há, primeiro, a persistência mais prolongada e tenaz do laço que une o Espírito ao corpo, por estar quase sempre esse laço na plenitude da sua força no momento em que é partido, ao passo que, no caso de morte natural, ele se enfraquece gradualmente e muitas vezes se desfaz antes que a vida se haja extinguido completamente...".

O tipo de sofrimento imposto a Beatriz, personagem central deste episódio, e o tempo a ele submetido, assim como o tratamento que recebeu após ter sido socorrida, não podem e não devem ser encarados como um procedimento padrão imposto a todos os suicidas.

Cada caso é um caso, muito embora possa parecer, à primeira vista, que a falta cometida seja a mesma.

No livro O Céu e o Inferno, de Allan Kardec, há alguns depoimentos de Espíritos suicidas, cujas expiações se deram de forma bem diferenciada.

Num deles, um homem que assina a mensagem como François Simon Louvet, diz que se jogou de uma torre sobre as pedras do cais:

"Fazia seis anos que esse homem morrera e ele se via ainda cair da torre, despedaçando-se nas pedras...", explica o autor.

Em O Livro dos Espíritos, Allan Kardec encerra assim o seu comentário sobre o suicídio, cujo início transcrevemos anteriormente:

"A religião, a moral, todas as filosofias condenam o suicídio como contrário às leis da Natureza. Todas nos dizem, em princípio, que ninguém tem o direito de abreviar voluntariamente a vida. Entretanto, por que não se tem esse direito? Por que não pode o homem pôr termo aos seus sofrimentos? Ao Espiritismo estava reservado demonstrar, pelo exemplo dos que sucumbiram, que o suicídio não é uma falta somente por constituir infração de uma lei moral, consideração de pouco peso para certos indivíduos, mas também um ato estúpido, pois que nada ganha quem o pratica, antes, o contrário é que se dá, como nos ensinam, não a teoria, porém os fatos que ele nos põe sob as vistas".

Infelizmente, exemplos não faltam para ilustrar as tenebrosas consequências auferidas no suicídio. A nós, coube a tarefa de expor os desdobramentos de um desses lamentáveis enganos e, após isto, nos resta vibrar para que a narrativa aqui exposta sirva de reflexão àqueles que ainda alimentam a ilusão de que a morte representa um sono profundo e reparador e que, depois dela, todos os problemas, como num passe de mágica, simplesmente deixam de existir.

Sem o véu das ilusões é exatamente como nos sentimos ao despertarmos em nossa pátria de origem e nos vermos destituídos da matéria; esta mesma matéria que, muitas vezes, usamos para acobertar os nossos defeitos.

Sem o véu das ilusões é como os personagens centrais deste romance se viram e foi a dura realidade deste momento que os impulsionou a buscarem melhores caminhos para as suas vidas.

Que os seus erros nos sirvam de reflexão e os seus acertos de exemplos a serem seguidos por todos nós.

Que Jesus nos abençoe!

Primeira parte
A fuga inútil

1

O equívoco

"A incredulidade, a dúvida sobre o futuro, as ideias materialistas, são os maiores incitantes ao suicídio; ocasionam a covardia moral." (E.s.E – Cap. V; item 16)

Era madrugada e Beatriz não havia conseguido dormir naquela noite. Aliás, em muitas noites anteriores àquela também. Sentia o peito oprimido pela angústia, uma nuvem negra e pesarosa pairava sobre a sua cabeça, turvando-lhe o raciocínio, confundindo-lhe o pensamento.

— Que fazer, meu Deus? – perguntava-se, mentalmente, pela milionésima vez.

Faltava-lhe ânimo para deixar a cama. Seu corpo jovem assemelhava-se a uma velha carcaça. Seu estômago revirava-se em contrações insuportáveis, a saliva grossa e amarga irritava-lhe a garganta; a cabeça parecia girar, provocando-lhe náuseas terríveis. A indisposição física misturava-se ao mal-estar mental, causado por sua constante preocupação.

Fosse seu pai mais compreensivo, sua mãe menos submissa à tirania dele e as coisas seriam menos difíceis. No entanto, não era assim. Hipocrisia tentar se iludir, contar com qualquer sentimento de compreensão e piedade paternal. Vinham-lhe à memória, ininterruptamente, as antigas e determinantes colocações machistas de seu Fagundes:

— Tenho um nome a zelar. Filhos meus têm que andar na linha – dizia sempre.

Mas, as coisas não funcionavam bem assim. Seus três filhos homens faziam o que bem queriam. Desde a adolescência já fumavam, bebiam, jogavam e conduziam livremente as suas vidas. Envolviam-se com quantas moças lhes cruzassem o caminho, iludiam-nas e as abandonavam. Tudo bem! Seu Fagundes não ligava a mínima para essas coisas.

— Prendam as suas cabras, pois os meus bodes estão soltos – dizia, repetindo antiga cantilena nas rodas de amigos.

No entanto, com Beatriz e sua irmã a situação era muito diferente. O rigoroso regulamento tinha de ser cumprido à risca por elas. Qualquer pequeno deslize, mesmo não intencional, era punido com surras, castigos e intermináveis sermões. O pai as vigiava dia e noite, como um carcereiro muito atento e zeloso do seu dever.

Foi por causa da repressão do pai que Rosilda, irmã de Beatriz, casou-se aos quinze anos de idade com Sebastião, um viúvo vinte anos mais velho que ela, pai de três filhos adolescentes. Rosilda não nutria por ele qualquer sentimento de amor. Agarrara-se ao primeiro pretendente. Uma fuga; uma tábua de salvação em meio ao intempestivo oceano que o pai representava. Uma escapadela que de nada servira, pois deixara de ser escrava de um homem, para se tornar cativa de outro, ou melhor, de outros, porque os enteados, que não aceitaram de bom grado a substituição da mãe morta, adotaram o hábito de infernizar a vida da infeliz.

Quando reclamava com o marido sobre as más atitudes dos enteados, ele defendia os filhos e jogava toda a culpa para cima dela, acusando-a de ser muito inexperiente, intolerante e de ter ciúme dos meninos. As crianças, sentindo-se amparadas pelo pai em suas descabidas atitudes, ampliavam as investidas maldosas e quase levavam a moça à loucura.

Um dia, desesperada, ela procurou o pai e, num acesso de choro, humilhou-se implorando para retornar ao lar. Não suportava mais a vida que estava tendo. Definitivamente, estava enlouquecendo com as maldades dos enteados e com a incompreensão do esposo. Com o coração apertado, Beatriz assistiu à cena pela fresta da porta do quarto, escondida, pois não lhe fora permitido acompanhar a conversa.

Dona Júlia apenas olhava para a filha que se desmanchava em lágrimas à sua frente, sem nada poder fazer ou dizer, já que o olhar furioso de seu Fagundes demonstrava claramente que ela não estava autorizada a tomar qualquer atitude.

O homem estava indignado, já que, a seu ver, o comportamento da moça, além de inaceitável, poderia servir de mau exemplo para a caçula. Por isso, proibiu-a de voltar a pôr os pés em sua casa. Despejou sobre Rosilda um humilhante sermão moralista e, só não a surrou, porque achava que essa tarefa agora cabia ao Sebastião.

Tomou-a pela mão e a arrastou com rudeza à casa do marido:

— Tome conta direito da sua mulher, rapaz, porque ela anda com umas caraminholas na cabeça! – disse grosseiramente.

Virou-se para Rosilda:

— Eu prefiro ver minhas filhas mortas do que vê-las separadas do marido ou se tornando mães de filho sem pai. Está me ouvindo?

Rosilda assentiu com a cabeça. Olhos, inchados e vermelhos de tanto chorar, voltados para o chão.

Seu Fagundes cuspiu na poeira e foi embora em passos apressados.

A partir daquele dia, o muro da casa de Rosilda foi erguido a uma altura intransponível. Um pesadíssimo portão de ferro foi instalado, com uma enorme fechadura, cujas chaves ficavam em poder do Sebastião e nunca mais ela foi vista na rua, no mercado, na igreja ou em qualquer lugar fora dos domínios do seu lar-prisão.

Rosilda tinha, então, pouco mais de dezessete anos.

— E agora? – perguntava-se Beatriz no silêncio do quarto.

Ela era a caçulinha. A "menina dos olhos do pai", segundo as palavras do próprio genitor. Aquela que nunca iria decepcioná-lo. Exemplo de comportamento para todas as mocinhas daquela cidade, que era, no entender do rigoroso fagundes, um lugarejo repleto de vícios, liberalidades e libertinagens.

Até bem pouco tempo, Beatriz fizera valer todas as vontades do pai, numa obediência cega.

Uma aquiescência que tinha muito mais de revolta do que de submissão. Muito mais de indignação do que de concordância, mas era, enfim, obediência. Para seu Fagundes era isso o que realmente importava; os detalhes não o incomodavam.

— Mas, e agora? – questionava-se a menina. – Como enfrentar a realidade? Como encarar um homem, que está muito mais para carrasco que para pai, e contar-lhe a verdade? Que terríveis consequências haverei de enfrentar? Terei forças para suportar todo o sofrimento que o futuro me reserva?

Definitivamente, não! Beatriz não fora moldada para suportar nada, para impor-se a nada. Apenas para obedecer, submeter-se, baixar a cabeça...

— Então a vida é isso? – perguntava-se. — Para isso é que eu fui gerada e criada? Para sofrer?

Não. Aquela vida não lhe interessava. Ela estava realmente decidida.

Sentou-se na cama e esperou passar a tonteira que lhe acometeu de súbito. Depois, com a mão esquerda, tateou no quarto em penumbras. Encontrou a gaveta da cômoda onde guardava suas roupas íntimas. Abriu e a vasculhou com os dedos trêmulos.

Localizou o pequeno embrulho que ali havia escondido. Com a mão direita, apanhou o copo com água que vinha deixando sobre o criado-mudo desde que lhe ocorrera a ideia. Despejou no recipiente o conteúdo do embrulho. Agitou-o lentamente para que o pó se dissolvesse na água. Seu coração batia descontrolado; sua respiração estava sôfrega; todo o seu corpo tremia de medo. Ela estava apavorada.

Antes de ingerir o conteúdo sinistro, ainda relutou um pouco consigo mesma. Procurou no arquivo da memória algo a que se agarrar; uma solução menos drástica para a desesperadora situação. Mas, apenas vieram-lhe as imagens de seus irmãos irresponsáveis e egoístas, com os quais jamais pudera contar, visto que eram cópias perfeitas das imperfeições do pai. Lembrou-se de Rosilda enclausurada, escravizada por uma família estranha e hostil. Há anos não a via. Pensou na mãe, com seu jeito apassivado, incapaz de defender-se e de proteger as próprias filhas da obsessão doentia do pai.

E, por fim, pensou na imensurável arrogância do seu progenitor que, naquele trágico momento, materializava-se em sua mente fragilizada pelo desespero; agigantando-se, tomando a aparência de um monstro horrendo e impiedoso. Apontava para ela o dedo indicador e gritava com todas as forças dos seus pulmões:

— Eu prefiro ver minhas filhas mortas do que vê-las separadas do marido, ou se tornando mães de filho sem pai.

Convenceu-se de que deveria satisfazer a vontade dele. Sorveu o conteúdo do copo em um só gole. As lágrimas escorriam grossas e mornas em sua face.

Beatriz se deitou novamente. Olhou ao redor, tentando visualizar, em meio à penumbra do quarto, as poucas relíquias que a agradavam. Despediu-se mentalmente da enorme e colorida boneca que ganhara de sua madrinha, no aniversário de oito anos; de uma foto dos tempos de infância, onde ela e Rosilda apareciam abraçadas, sorridentes, próximas à roda-gigante de um parque de diversões. Despediu-se também de um antigo crucifixo de madeira que pertencera à sua bisavó e que estava dependurado na parede do seu quarto, na mesma posição, desde os tempos em que, em vez da cama, era o seu pequeno berço que ali ficava.

Fechou os olhos e esperou pela paz que, em seus equivocados pensamentos, a morte lhe traria em breve.

Não demorou para que letais e lancinantes dores abdominais começassem a escalavrar-lhe as vísceras. O veneno mortal que Beatriz havia ingerido iniciava a sua funesta e irrevogável ação destruidora, ceifando a vida material, não de uma, mas de duas criaturas de Deus.

Ela tinha pouco mais de 16 anos. O filho recém-concebido em seu ventre estava com oito semanas e três dias de gestação.

2

O médico

"Porque é o pai de muitos vícios, o orgulho é também a negação de muitas virtudes." (E.s.E – Cap. X; item 10)

O desespero de Beatriz originou-se um ano antes, quando um jovem médico, recém-formado, fora designado para fazer residência no hospital público da pequena cidade, situada a cerca de quatrocentos quilômetros da capital paulista, onde a menina nascera. Ali, teria ele de permanecer três dias por semana, durante o período de um ano.

A primeira visão que teve do local foi desanimadora. Filas enormes de enfermos, muitos deles em estado grave; hospital desestruturado, funcionários despreparados... Enfim, um verdadeiro caos. Ao perceber o que o aguardava, o jovem médico teve vontade de desistir, mas, por força de compromissos firmados na faculdade, sabia que não poderia recuar.

Fabrício tinha 26 anos, era um rapaz muito bonito fisicamente e bastante vaidoso. Não provinha de família rica nem possuía sobrenome tradicional, mas tivera uma vida razoavelmente confortável, já que o pai, seu Raul, havia se destacado no ramo da construção civil e conseguira, à custa de muito trabalho, oferecer à esposa e ao único filho uma situação privilegiada.

Sobre os ombros do filho depositou a esperança da realização de seu próprio sonho, não concretizado por insuficiência de recursos e oportunidades. Ele sempre sonhara em ser médico. Dizia ser a profissão mais nobre que um homem pode exercer, pois, segundo sua concepção, a capacidade de tirar ou atenuar o sofrimento físico de um semelhante é algo que em muito aproxima o homem de Deus.

Frustrado por não ter obtido meios de estudar, investiu nos estudos do filho, pedindo apenas a pronta retribuição de Fabrício. Na infância, foi uma maravilha! O menino era um excelente modelo de virtudes; aluno aplicado que em muito se sobressaía entre os demais e recebia as melhores notas, sempre seguidas de eloquentes elogios de seus professores. Mas, ao atingir a adolescência, induzido por más companhias, deixou aflorar as imperfeições latentes em sua natureza e acabou se desvirtuando. Desleixou-se na escola, envolveu-se em transgressões: pequenos furtos, uso de drogas, bebedeiras, brigas e coisas desse tipo.

Seu Raul, que já dava por perdido o sonho de ver o filho formado, endureceu. Arranjou um trabalho braçal para o rapaz e exigiu que ele passasse a pagar pelo que comia. Já que negligenciara com os estudos, que se ocupasse com o trabalho; vagabundo o construtor não sustentaria em casa.

Fabrício passou a trabalhar duro como operário da construção civil e percebeu logo a enrascada em que se metera. Não possuía disposição nem humildade suficientes para encarar um ofício tão sacrificante. Sentindo o pesado fardo da responsabilidade e as previsíveis dificuldades que o futuro lhe reservava, após perder as regalias oferecidas pelo pai, retomou o curso da sensatez. Pediu perdão ao genitor e entregou-se definitivamente aos estudos, adquirindo, anos mais tarde, o diploma que seu Raul tanto almejara.

O que consolava Fabrício diante dos percalços encontrados naquela cidade, era o fato de saber que o trabalho ali duraria pouco tempo. Tratava-se apenas de uma preparação temporária para consolidar a profissão. Logo, teria o seu próprio consultório, num bairro nobre da capital paulista e, no seu entender, com uma clientela muito mais civilizada.

Seu Raul já estava providenciando tudo. Em pouco tempo lhe entregaria, com grande orgulho, a chave do suntuoso consultório, em cuja elegante porta estaria afixada a placa: Doutor Fabrício – Clínico Geral.

Com essa certeza a lhe encorajar a alma, Fabrício cumpria o que considerava ser a sua penosa rotina de médico de pobres, enfrentando as maiores contrariedades que sua personalidade orgulhosa podia suportar.

3

O príncipe encantado

"Por que haveis de ter em maior estima o que brilha e encanta os olhos do que o que toca o coração?" (E.s.E - Cap. VII; item 12)

Numa tarde ensolarada, um mês após a chegada de Fabrício à cidade, Beatriz estava diante do espelho, penteando os longos cabelos, quando a mãe a chamou pela terceira vez:

— Vamos embora, minha filha, ou perdemos a hora da consulta!

— Não precisa tanta pressa, mãe! Ainda falta muito tempo.

— Acontece, que o atendimento é por ordem de chegada.

— Não é, não. A moça que marcou a consulta me disse que é pelo horário que está marcado aí no cartão. Três e meia. Falta mais de uma hora ainda.

— Ah, meu Deus! Tomara que desta vez tenha um bom médico naquele hospital. Não suporto mais os incômodos desse maldito reumatismo – resmungou ela.

Se havia uma coisa que Beatriz gostava de fazer, era ficar se penteando e se admirando em frente ao espelho. Ela possuía uma linda cabeleira que lhe encobria os ombros, cujos fios, de tão castanhos, pareciam feitos de cobre.

Seus olhos eram verde-claros, contrastando com as sobrancelhas escuras, bem delineadas. Seu rosto possuía um semblante brando, o nariz afilado, a boca pequena e graciosa. Seu sorriso expunha duas fileirinhas de dentes miúdos e muito brancos. Ela era linda! Mas de uma beleza que tinha muito mais de anjo do que de mulher. Pelo menos era assim que a encaravam os rapazes que conheciam o doentio sentimento de posse do seu Fagundes.

Enquanto se penteava e se admirava em frente ao espelho, nos inocentes anos de sua adolescência, Beatriz imaginava-se uma princesa, presa num castelo, vigiada por um pai dragão a quem, qualquer dia, um lindo príncipe haveria de vencer num duelo e resgatar. Longe da opressão do genitor, amaria e seria amada pelo resto dos seus dias, plagiando o final das histórias lendárias que havia lido até então: E foram felizes para sempre.

O príncipe idealizado por ela não possuía a aparência de nenhum dos rapazes conhecidos. Havia sonhado muitas vezes com ele. Sabia como era a sua aparência, o seu tom de voz, os seus gestos corteses... Mas, definitivamente, não o conhecia ainda.

Conheceu-o naquela tarde, durante a consulta médica de dona Júlia. Beatriz entrou no consultório junto com a mãe e, quando se deparou com o doutor Fabrício, quase teve um desmaio. Embora bastante tímida, não conseguiu disfarçar a estranha sensação de se ver frente a frente com o homem dos seus sonhos. Alto, moreno, olhos e cabelos negros, corpo atlético, musculoso... Exatamente como os sonhos o retratavam.

— É ele! – disse para si mesma e sentiu o coração bater em descompasso.

Não mais conseguiu desviar os olhos do elegante médico, durante o período em que a mãe foi examinada por ele.

Fabrício também se encantou com Beatriz. Teria sido apenas uma atração passageira que se apagaria de sua memória tão logo a moça fosse embora e entrasse o próximo paciente. Mas, a atitude dela o intrigou. O jovem médico percebeu-lhe o interesse e se deixou envolver. Demorou muito mais que o normal para examinar a paciente, ouvindo, com fingida atenção, os seus queixumes, as suas chorosas lamentações.

Nesse período, os seus olhos e os de Beatriz se encontraram várias vezes. Sempre que isso ocorria, a menina tinha a sensação de que um finíssimo aguilhão transpassava-lhe o ventre, provocando uma dorzinha íntima, aguda, mas agradável. Um sentimento de euforia. Uma vontade de abraçar o seu príncipe, de conversar amenidades; de convidá-lo para, juntos, abandonarem aquele ambiente hostil, com suas rudes e indesejáveis enfermidades, seu cheiro de éter, suas admoestações. De levá-lo dali, estarem livres num campo, num jardim com flores, pássaros, brisas, nuvens... E todas as coisas leves e suaves que ela conhecia vinham-lhe à mente enquanto aqueles olhos negros e penetrantes invadiam os seus, como se lhe fizessem carícias na própria alma.

O flerte fez com que Fabrício esquecesse o tempo. O torpor que o acometeu diante daquele olhar insistente só desapareceu quando uma atendente, após bater à porta, avisou que alguém na fila estava passando mal.

Ao entregar à menina o receituário médico de sua mãe, Fabrício segurou nas mãos de Beatriz e notou que elas estavam trêmulas e suadas. Ao se despedir, lançou-lhe um olhar envolvente e dirigiu--se à dona Júlia:

— Preciso que a senhora remarque a consulta e volte aqui o mais rapidamente possível.

— Mas, por que, doutor? O senhor acha que estou tão doente assim?

— Só vou saber quando a senhora voltar – disse, piscando o olho para Beatriz, que retribuiu com um sorriso de cumplicidade.

4

Paixão

"O homem é, assim, constantemente, o árbitro de sua própria sorte." (E.s.E – Cap. XXVII; item 21)

Após aquele encontro, Beatriz perdeu o sossego. Agora, continuava sonhando com o seu príncipe, só que de olhos abertos. Conhecia-o, por fim. Não mais se tratava de uma fantasia, de um simples devaneio da mente fértil e exageradamente romântica de uma adolescente interiorana. Passou a escrever versos românticos nos seus cadernos escolares e pressionava dona Júlia para que ela não se esquecesse de que deveria voltar ao médico em uma semana. E, tanto falou disso, que um dia a mãe lhe perguntou, preocupada:

— Você está sabendo de alguma coisa que eu não sei, Bia?

— Como assim, mamãe?

— Sei lá! O médico falou alguma coisa sobre a minha saúde, para lhe deixar tão preocupada com o meu retorno?

— Mas, mamãe, nós estávamos juntas o tempo todo. Eu só estou preocupada, porque ele disse que a senhora precisa voltar para saber se o caso é grave ou não. É só isto.

— Esses médicos nunca falam as coisas direito para a gente!

E aí, Beatriz teve uma inspiração.

— Mamãe, você acha mesmo que o doutor Fabrício esconderia da senhora, se houvesse algo grave com a sua saúde?

— Não sei. Pode ser...

— Mas, certamente, ele contaria para mim...

— Pode ser.

— Então, vamos fazer o seguinte: na próxima consulta, quando terminar, a senhora sai na frente e eu invento uma desculpa para ficar um pouco mais na sala. Daí, eu peço para ele me dizer a verdade. Se houver alguma coisa errada eu lhe conto.

Sem desconfiar de qualquer malícia na atitude da filha, dona Júlia, que tinha uma invencível tendência hipocondríaca, assentiu. E foi assim, que, na segunda consulta dela, Beatriz e Fabrício tiveram o primeiro momento a sós. Não mais que um minuto. Tempo suficiente para pronunciarem brevíssimas palavras de elogios mútuos e iniciarem uma inconsequente aventura amorosa, cuja trama traria um trágico desfecho em muito pouco tempo.

Fabrício entregou a Beatriz um cartão com o endereço do apartamento onde ele se hospedava, nos três dias da semana em que permanecia na cidade. Pediu à menina que o visitasse para conversarem e se conhecerem melhor. Beatriz deixou a sala de consulta, eufórica. Tanto, que dona Júlia, confundindo a euforia da filha com aflição, preocupou-se.

— Vamos, Bia, fale logo o que foi que o doutor lhe falou. Pela sua cara não foi boa coisa.

Beatriz sorriu com malícia.

— Que nada, mamãe! Ele disse que a senhora está com mais saúde do que ele próprio. Que basta tomar os remédios receitados e tudo ficará bem.

Dona Júlia não acreditou muito, mas aceitou a ponderação.

Beatriz não estava conseguindo acreditar que havia feito aquilo. Logo ela, a pequena Bia, tão submissa e recatada. Onde havia arranjado tanta coragem?

Uma boa dose de orgulho unia-se ao sentimento de desforra, deixando-a completamente excitada. Era como se, de alguma forma, estivesse se vingando do pai e dos irmãos. Vingando-se por ela e por Rosilda.

E foi assim que, apesar da implacável vigilância da família sobre a menina, a aproximação entre os dois se tornou inevitável. Beatriz não dispunha de liberdade quase nenhuma e Fabrício era um médico muito ocupado, portanto, nenhum dos dois dispunha de tempo para se envolver em aventuras. Mas, era exatamente aí que as coisas se encaixavam. O único momento de invigilância sobre ela era na parte da manhã, pois nesse horário Bia estava no colégio e a família descansava sossegada. Fabrício, embora muito ocupado em seu trabalho, só assumia o posto na parte da tarde. Tinha, portanto, o período da manhã todo livre.

Dessa forma, não foi nada difícil para eles driblarem a vigilância e passarem a se encontrar no apartamento do médico. No princípio, um namorico inocente e temeroso, conduzido com muita cautela. Mas, com o passar do tempo, a paixão falou mais alto e o envolvimento os conduziu a uma relação muito mais comprometedora e voluptuosa.

Cega pela paixão, completamente seduzida pelo moço, Beatriz se entregou inteiramente. Sentia-se a mulher mais feliz do mundo quando estava nos braços dele. A simples presença de Fabrício na cidade, nos três dias da semana que lhe competia ali permanecer, já a deixava imensamente feliz. Por outro lado, sentia-se morrer um pouco quando o médico, nos quatro dias restantes, retornava para São Paulo.

Raríssimas vezes falaram em compromisso sério. Embora percebendo, Beatriz fingia não notar a reação negativa que o assunto despertava no namorado, pois tinha medo de que ele se afastasse, caso insistisse em falar sobre aquilo. Ela não sabia, mas seu príncipe tinha o futuro muito bem planejado na cabeça e nem de longe Beatriz, a quem ele julgava uma caipirazinha pobre e inculta, faria parte dele.

Seu consultório estava quase pronto num elegante bairro da capital. Fabrício não era descompromissado como dera a entender. Estava noivo de uma ex-colega de faculdade com a qual pretendia se casar, tão logo voltasse a viver em São Paulo. A aventura com Beatriz, assim como o seu trabalho naquela cidadezinha interiorana era coisa passageira. O futuro lhe reservava muito mais do que aquela vidinha medíocre de médico de gente pobre.

Seu futuro seria brilhante, mas, bem longe dali. Brevemente, tudo o que fora obrigado a viver naquele lugarejo se tornaria uma página virada em sua vida. Algo que não se encaixaria sequer no seu currículo profissional, para não desmerecê-lo.

5

O desespero

"Não proclamou o profeta que haveria prantos e ranger de dentes para os que nascessem nesse vale de lágrimas?" (E.s.E – Cap. V; item 19)

Quando começou a sentir os primeiros sintomas da gravidez, Beatriz nem sabia ao certo do que se tratava. Foi o próprio Fabrício que, numa daquelas manhãs de encontros furtivos, alertou-a. Ela havia comentado com ele sobre o atraso menstrual e uns enjoos matinais que vinha sentindo. Fabrício, sem se abalar, respondeu com um tom de voz inalterado e um sorriso irônico no canto dos lábios:

— Não é nada grave, meu amor! É apenas um bebezinho que se meteu entre nós.

A moça ficou transtornada, pois a primeira coisa em que pensou foi na reação de seu Fagundes.

— Meu pai vai me matar! – gritou em meio a um pranto convulsivo.

Embora não se precavesse para evitar uma possível gravidez, Beatriz jamais havia considerado esta possibilidade. Parecia-lhe algo remoto, impossível até. Na sua ingenuidade e inexperiência, sentia-se protegida ao lado de Fabrício. Acreditava que nada de ruim pudesse lhe ocorrer, já que o seu príncipe, com toda a experiência e cultura que possuía, jamais o permitiria. Afinal, tratava-se de um médico, pensava ela.

— E agora, o que vamos fazer? – perguntou, trêmula, os olhos banhados em lágrimas.

Fabrício a abraçou com força. Beijou-lhe o rosto molhado, enxugou-o com os polegares e a confortou.

— Não se preocupe com nada. Eu vou cuidar de tudo e você vai ficar muito bem.

Beatriz entendeu que Fabrício iria pedi-la em casamento e o choro de desespero foi substituído por um pranto de intensa felicidade. A nuvem negra do desconsolo diluiu-se, dando passagem à luminosidade de um sol maravilhoso e reconfortante.

— Oh, meu amor! Você não sabe como me sinto aliviada! Mas não demore muito para agir. Meu pai não pode nem sonhar que eu estou grávida.

Mas, o sol era ilusório.

— Não se preocupe – disse ele. — Amanhã mesmo você toma o remédio.

— Remédio? Que remédio?

— Remédio para o aborto, minha querida! Não é isso que você quer?

Foi como se o chão se abrisse sob os seus pés. Novamente as nuvens negras a turvar-lhe o semblante. A dor a dilacerar-lhe a alma. O desespero do náufrago solitário em meio à tormenta de um mar revolto.

Recuou indignada. Olhou com incredulidade para Fabrício e o viu numa imagem distorcida, devido às lágrimas salgadas que lhe queimavam as retinas.

— O que foi que você disse?

— Remédio para aborto. Qual é o problema? É a coisa mais natural do mundo! Todo mundo faz isto – insistiu ele, abrindo os braços.

Naquele momento, a imagem do príncipe desmoronou-se diante dela. Antes que Fabrício pudesse impedir, apanhou a mochila colegial, abriu a porta e se precipitou para fora.

Saiu em disparada. Ganhou a rua e, correndo e soluçando, com seu uniforme de estudante, seus cadernos caindo pelo chão, vagou perdidamente pela cidade, atônita, como se não sentisse o solo sob os seus pés. Caminhou a esmo até o momento em que o sino da igreja badalou doze vezes. Meio-dia era o horário em que a campainha do colégio soava, anunciando a hora da saída dos alunos.

Secou as lágrimas e seguiu para casa atordoada. Lá chegando, alegou estar com uma forte dor de cabeça e dispensou o almoço. Trancou-se no quarto e ali, isolada de tudo e de todos, passou a tarde inteira chorando, alimentando a esperança de que Fabrício poderia mudar de ideia, de que chegaria a qualquer momento em sua casa, enfrentaria seu pai e a pediria em casamento.

Mera ilusão. O príncipe transformara-se em algo bem pior do que um simples e inofensivo sapo; tornara-se um pesadelo real, do qual ela não tinha a menor ideia de como se livrar.

Duas semanas de desespero se passaram e ela não voltou a ver Fabrício. Procurou-o várias vezes, mas o apartamento estava sempre fechado.

Um dia, tomou coragem e dirigiu-se ao hospital. Foi atendida por uma recepcionista mal humorada que zombou de sua paciência, ocupando-se em lixar as unhas.

— O que a senhorita deseja? – perguntou a atendente, sem erguer os olhos.

— Eu poderia falar com o doutor Fabrício?

— Cadê a ficha de consulta?

— Eu não tenho consulta marcada.

— Então, terá de marcar e voltar outro dia.

— Mas, eu preciso falar com ele.

— Sobre o quê?

— Sobre minha mãe... Ela é paciente dele...

— Por que ela mesma não veio?

— Está passando muito mal. Não tem como vir aqui.

A mulher a encarou com ar aborrecido. Suspirou profundamente. Abandonou a lixa, assoprando as enormes unhas recém-lixadas.

— Vou ver o que posso fazer – disse, levantando-se e entrando numa saleta contígua à recepção.

Foram os cinco minutos mais demorados da vida de Beatriz. Suas pernas estavam trêmulas. Uma sensação de frio lhe percorria o ventre e um nó na garganta a induzia a um choro contido a muito custo.

Quando a atendente retornou, trazia um sorriso estampado nos lábios. Beatriz quase se tranquilizou, achando que receberia uma boa notícia. Mas, quando a mulher se aproximou, ela notou que aquele sorriso era puro cinismo.

— Lamento, minha filha, mas a sua mãe terá de arrumar outro médico.

A menina gelou.

— Por quê?

— O doutor Fabrício não trabalha mais aqui. Seu prazo de residência terminou na semana passada e ele foi embora de vez.

— Embora? Para onde?

— Como saber? O Brasil é muito grande e o mundo maior ainda, minha filha!

— Mas... Mas, vocês não têm aí o endereço dele?

— Não temos. Mas, mesmo que tivéssemos, não estaríamos autorizados a dá-lo a ninguém, minha queridinha.

O desespero de Beatriz aumentou. Era como se uma possante bomba tivesse explodido dentro dela, estraçalhando todo o seu organismo. Pensou em contra-argumentar. Dizer qualquer coisa que pudesse sensibilizar a recepcionista, mas não lhe ocorreu mais nada.

Decidiu se retirar dali rapidamente, antes que desabasse num pranto incontrolável na frente daquela criatura irritante, fria e insensível. Ao sair, ainda a ouviu dizer com zombaria.

— Melhor arranjar outro médico para a sua mãe, minha filha!

A angústia de Beatriz foi aumentando à medida que sentia o filho se desenvolvendo em seu ventre. A decepção e a revolta que passou a alimentar contra Fabrício foram transferidas, de certo modo, para o bebê que estava a caminho. Afinal, era a semente do homem que a abandonara tão covardemente que ali estava, a germinar em seu útero.

Algumas vezes teve vontade de conversar com a mãe. De expor toda a angústia que estava lhe consumindo, mas, logo se lembrava da inútil atitude de dona Júlia diante do desespero de Rosilda e desistia da ideia. Sabia que a genitora nada poderia fazer para protegê-la.

Foi por isso que, sem visualizar uma saída menos drástica, apavorada com a possibilidade de enfrentar sozinha o machismo e a brutalidade do pai, Beatriz tomou a equivocada decisão de se matar. O veneno, alegando ser para exterminar ratos, ela comprou num armazém, sem a menor dificuldade. A coragem para ingeri-lo foi alimentada pelo desespero, pelo desamparo de quem se vê irremediavelmente perdido, quando a morte, enganosamente, parece ser a única porta de saída.

Segunda parte
Desapontamento

6

Confusão mental

"Quando o homem morre, perde toda a sua força, expira. Depois, onde está ele? – Se o homem morre, viverá de novo?"
(E.s.E – Cap. IV; item 14)

Beatriz despertou completamente zonza. O enjoo que vinha sentindo há dias havia se intensificado. Uma dor dilacerante passava-lhe a impressão de que seu ventre estava sendo rasgado por uma adaga. A leve penumbra que antes envolvia o seu quarto transformara-se numa espessa e perene treva. O ar pesado projetava um mau cheiro insuportável.

Pensou em se levantar e abrir a janela; precisava fazer isso o mais rapidamente possível para não se asfixiar, mas não conseguia mover um músculo sequer.

Então, percebeu que seria melhor relaxar, até porque não conseguia mesmo se mexer. Com o passar do tempo, alguma coisa teria de acontecer. Aquele breu acabaria se dissipando mais cedo ou mais tarde. Pensou na mãe entrando no quarto, chamando-a de dorminhoca, enquanto abria a janela e as cortinas, deixando a claridade invadir o aposento, promovendo o cheiro morno da lã do cobertor sendo aquecida pelo sol.

— Vai chegar atrasada na escola, sua preguiçosa! – diria dona Júlia.

Pela primeira vez na vida, Beatriz pensou em como era bom ter uma mãe; mesmo aparvalhada e submissa, como a sua.

Planejou que, quando a genitora ali chegasse, haveria de se atirar em seus braços, enlaçar-lhe o pescoço com um fortíssimo abraço e beijá-la amorosamente. Então, faria assim. Ficaria quietinha, pois, com certeza, a mãe não tardaria.

Se ao menos houvesse um jeito de abrandar a sede e a dor...

Por que será que a mãe estava demorando tanto para acordá-la? Há quanto tempo estaria ali, naquela angustiosa espera? Faltaria muito para amanhecer?

Aguçava os ouvidos tentando ouvir o ressono dos pais que dormiam no quarto contíguo, mas não ouvia nada. Normalmente, seu Fagundes ressonava tão alto que chegava a incomodá-la. Naquele momento não a incomodaria; pelo contrário, a confortaria. Ela teria certeza de que eles estavam ali, ao lado, prontos para acudi-la à menor necessidade.

Para tentar amenizar o braseiro infernal que lhe dissecava as entranhas, buscou lembranças em épocas remotas. Viajou no tempo. Estava agora com a família, participando de um piquenique domingueiro, à beira de uma refrescante cachoeira de águas muito límpidas, nos arredores da cidade. A mãe cuidava da alimentação, preparando sanduíches e sucos. O pai e os irmãos pescavam. E ela, de mãos dadas com Rosilda, que não a largava por um segundo sequer, mergulhava seu corpinho infantil naquela água tão fria que a deixava arrepiada da cabeça aos pés. Imergia até a altura do pescoço e Rosilda, com as mãos em concha, enchia-as de água e despejava sobre a cabeça da caçula. Beatriz reagia nervosamente aos calafrios provocados pelo contato do líquido gelado em sua cabeça; desdobrava-se em altissonantes gargalhadas.

Mas, se por um lado tais pensamentos traziam alívio ao organismo, por outro geravam um tipo diferente de tormento. Um sofrimento interior, um misto de saudade e de angústia. Um sentimento de perda; a perda da felicidade, ou pelo menos, do que parecia ter sido felicidade numa época remota de sua vida.

O tempo passou rápido e as coisas acabaram tomando rumos adversos. O pai da pequena Bia se transformou num impiedoso tirano. Seus irmãos, incentivados pelas atitudes dele, mergulharam num egoísmo e num machismo a toda prova, e só cuidavam de si.

Rosilda, também por conta da ignorância do pai, tornou-se escrava de Sebastião e de seus filhos desumanos. Dona Júlia nada podia fazer para evitar todas essas mazelas; era uma pobre coitada que vivia às voltas com o autoritarismo do marido, sofrendo com seus reumatismos, seus achaques, dizendo "amém" a todas as vontades dele.

Os pensamentos de Beatriz não paravam. Iam e vinham, confusos e imprecisos. Era como se buscasse uma saída por intermédio deles, uma fuga daquele terrível pesadelo, como uma ave que, alçando voo, buscasse se libertar da gruta escura e inóspita onde estivera confinada durante longo e tenebroso temporal.

Mas, ela sempre se deparava com a mesma realidade. Estava irremediavelmente presa àquele lugar. Começava, por fim, a desconfiar de que não se tratava do seu quarto, pois nada ali lhe parecia familiar.

Não conseguia visualizar, por mais que tentasse, o vulto da boneca colorida, do velho crucifixo da bisavó dependurado na parede, nem mesmo dos móveis que ali deveriam estar, camuflados pela escuridão, mas ali.

O próprio leito, que ela julgara no princípio ser a sua cama, já não lhe parecia mais. Não tinha a maciez e o conforto do seu colchão. Era algo desconfortável, duro... Era, percebeu por fim, uma tábua. Não mais que um pedaço de madeira estreito e úmido que lhe sustentava o corpo e que só não se quebrava, por estar apoiado no chão.

Aos poucos, apavorada, foi se dando conta de onde se achava realmente. Não havia janelas, nem portas, nem coisa alguma. A atmosfera malcheirosa que tanto a incomodava não se renovava. Percebeu a ausência de ventilação. O ar era totalmente parado, comprimido, impregnado pelo mau cheiro.

Mas, se não havia fluxo de ar, de onde brotava aquele terrível odor? E aí, embora mentalmente, já que não conseguia articular palavra alguma, explodiu dentro dela um grito de horror tão desesperado, que fez descortinar toda a realidade daquele trágico momento: o mau cheiro provinha de suas próprias entranhas; de seu fétido cadáver, que se decompunha gradativamente, devorado por um batalhão de vermes insaciáveis.

Seu corpo estava apodrecendo, mas ela continuava viva. Viva e consciente, apesar de enterrada!

— Então, é isso a morte? Cadê o sono profundo? Cadê o descanso garantido até o dia do juízo final? – perguntava, atônita, mas não percebia a presença de ninguém para lhe dar a resposta.

7

Vivendo na lama

"O homem sofre sempre a consequência de suas faltas."
(E.s.E – Cap. XXVII; item 21)

Beatriz acordou completamente zonza. Havia dormido? Desmaiado? Não conseguia distinguir o que era realidade e fantasia. Era tudo muito confuso. A cada momento que despertava, estava num lugar diferente, numa situação inusitada. A única coisa que perdurava nela era aquela terrível sensação de dor e de sede.

Considerou a possibilidade de ter enlouquecido. Somente isto justificaria aquele interminável temporal em seu cérebro. Era jogada de um pesadelo a outro, inexoravelmente, como que impulsionada por uma poderosa e invisível mão. Era a ação da sua própria consciência, insistindo em negar o mau ato praticado e aceitar as consequências que dele provinham.

Ainda há pouco, ou há muito tempo – como saber? –, ela havia acordado, segundo lhe parecera, dentro de um caixão. Estava enterrada viva, sendo devorada pelos vermes. Agora, estava noutro lugar estranho. Não deitada e asfixiada como da vez anterior. Podia se mover, ainda que restritamente. Mas, perdurava a escuridão ao seu redor e o fluxo de ar, embora existente no local, era irrisório, insuficiente.

A sede implacável que a consumia projetava-a para uma direção qualquer. A necessidade de hidratação a impelia forçosamente, como um barco a vela singrando em alto mares, levado pelo vento. Precisava encontrar água logo ou acabaria morrendo de sede, pensava.

Tentou caminhar, mas logo percebeu que era impossível. Suas pernas estavam enfraquecidas, trêmulas, inúteis. O que conseguiu fazer foi sair rastejando sobre o solo áspero, movimento que lhe agravava ainda mais a dor dilacerante do ventre. Mas, era imperioso seguir em frente e ela seguiu, sequiosa, em busca de qualquer coisa que pudesse lhe socorrer.

Após muito rastejar, sentiu o contato de suas mãos com algo fresco e viscoso. Percebeu que era uma poça de lama. A sensação que experimentou naquele momento, ao invés da repulsa que normalmente sentiria, foi de alívio. Finalmente, teria como se refrescar.

Foi se arrastando em direção à poça e se deixou afundar prazerosamente no lodo até a altura dos ombros. O cheiro não era nada agradável, mas seu olfato também já não estava tão sensível. Pegou um pouco de lama com as duas mãos, espremeu-a e colheu em sua boca ressequida o sumo fétido, porém refrescante que escorria por entre seus dedos. Repetiu o gesto inúmeras vezes, até conseguir abrandar a sede.

Naquela poça de lama permaneceu, sem vontade e sem disposição para seguir adiante. Mas, também, ir para onde? Era o melhor lugar que havia encontrado desde que mergulhara naquele horrendo pesadelo; praticamente um oásis em meio a um deserto escaldante.

Decidiu que ficaria ali mesmo, até que uma alma caridosa viesse resgatá-la e levá-la de volta para casa, para junto de sua família, ou, então, que a exterminasse de vez, colocando um ponto final em sua miserável existência.

Mas, o sossego não durou muito. Gargalhadas e vozes sinistras logo vieram quebrantar aquele silêncio. Choros, gemidos e imprecações passaram a perturbá-la. Uma aparição monstruosa se formou bem próximo e a provocou:

— Sua maldita! – gritou o monstro.

Desesperada, Beatriz olhou para trás, tentando localizar a pessoa a quem o monstro se referia, pois não acreditava que tais acusativas se dirigissem a ela. Mas não viu ninguém. A única coisa visível era aquela aparição horrenda que a fez lembrar-se dos filmes de terror que sempre a deixavam de cabelo em pé.

— Miserável! Suja! Inconsequente!

E as provocações continuavam, cada vez mais intensas e acirradas.

Beatriz tentou fechar os olhos, ignorar o que estava acontecendo, mas era inútil! Aquela imagem deformada continuava visível, mesmo estando ela de olhos fechados. Quis tapar os ouvidos, mas também não adiantou. Os gritos continuavam, cada vez mais alterados, como se fossem lhe explodir os tímpanos. Atingiam-na, não de fora para dentro, mas brotavam e ecoavam em seu próprio interior.

Tanto a projeção do monstro, quanto as acusações que ela ouvia, continuavam existindo independentemente da sua vontade de ver e ouvir.

— Suicida! Feticida! – gritava o monstro.

Numa atitude de desespero, Beatriz encheu as mãos de lama e atirou contra ele. Tais acusações não serviam para ela. Suicida não poderia ser, já que se encontrava viva, e da outra palavra ela nem conhecia o significado. Com certeza aquela coisa horrorosa a estava confundindo com outra pessoa, pensava.

A lama passou direto pela enorme cabeçorra, sem atingi-la. Percebendo o descontrole da moça, o monstrengo deu uma gargalhada e passou a provocá-la de modo ainda mais incisivo. Então, Beatriz percebeu que era inútil reagir. Enfiou-se inteiramente na poça de lama, numa atitude que fazia lembrar um hipopótamo e ficou bem quietinha, até que os gritos cessassem e aquela coisa nojenta fosse embora.

Durante muito tempo, ficou mergulhada naquela lama. Quando emergiu, pareceu-lhe que havia um grande silêncio em torno de si. Suspirou aliviada e voltou a espremer a lama, pois já havia notado que a sede, embora aplacada, não poderia ser totalmente saciada.

De repente, viu surgir no meio da escuridão um pequeno vulto. Ficou paralisada ao vê-lo se aproximar. Uma sensação de pânico a dominou inteiramente, mas logo sossegou, pois percebeu que se tratava de uma velha senhora, de aspecto bondoso e protetor, que chegou bem próximo e a encarou com simpatia.

— Como vai, minha bela jovem? – perguntou-lhe com um tom de voz meio cantado.

— Nada bem! – respondeu Beatriz, chorando.

— Eu percebi que você não está bem, por isso vim lhe ajudar.

— Quem é a senhora? O que está fazendo neste lugar? – perguntou a menina.

— Sou uma pessoa amiga. Moro aqui há muito tempo e vi quando você chegou.

— Por que veio falar comigo?

— Vim lhe trazer um presentinho. Você quer?

E a velha estendeu um pequeno embrulho na direção de Beatriz, que a olhava sem nada entender.

— Um presente? Por quê?

— Para lhe dar as boas-vindas, ora! Você não vai querer?

— Do que se trata?

— Tome e veja você mesma! Não vai rejeitar o agrado de uma pobre anciã, vai?

— Não, senhora!

Esforçou-se ao máximo para dar um sorriso amistoso e pegou o embrulho.

— Vamos, abra! Você não está curiosa?

Ao desembrulhar o presente, Beatriz deu um grito de pavor e a velha anciã, assumindo o aspecto da aparição monstruosa de antes, disparou uma sinistra gargalhada e voltou a insultá-la.

— Miserável! Feticida! Suicida!

Atônita, a moça se entregou a um desesperado pranto, olhando para o minúsculo feto que, apodrecido e cheio de vermes, movia-se irrequieto na palma de sua mão. Compreendia, finalmente, que a palavra feticida significava assassino de feto.

Uma vez mais, achou que aquela criatura horrenda a estava confundindo com outra pessoa. Ela não era nada daquilo. Aquele monstro horroroso estava sendo injusto ao persegui-la. Ao acusá-la de atos que ela se julgava incapaz de praticar.

Voltou a mergulhar na lama, pois convenceu-se de que esta era a única alternativa para se livrar daquela implacável perseguição.

Num dos raros momentos de lucidez, chegou à conclusão de que, ou estava vivendo um pesadelo interminável, cuja noite custava demais a passar, ou, de fato, não havia alvoradas no ambiente em que se encontrava.

As trevas eram perenes. As criaturas que gemiam, blasfemavam e choravam ao seu redor, eram invisíveis, porém numerosas. Às vezes, ela percebia a aproximação de um ou de outro vulto que se debruçava sobre a poça de lama para beber a água barrenta e viscosa de sua superfície. Nesses momentos, Beatriz mergulhava e ficava bem quietinha, para não ser localizada. A criatura chegava se arrastando, gemendo; sorvia a lama sofregamente como um animal ferido e se afastava com lentidão.

Periodicamente, aparecia o monstrengo para infernizá-la. Não lhe dava descanso a terrível aparição, demonstrando por ela um ódio incessante e progressivo.

E o tempo seguia assim, sem divisão de períodos, sem qualquer ordenamento lógico que pudesse servir de orientação cronológica. A única alteração que ocorria na inóspita paisagem eram uns temporais que caíam, às vezes. Mas, isto também era motivo de padecimento, pois a água que vinha do alto era quente e salobra, não servia de refrigério para o terrível ressecamento que a consumia lentamente.

Ela devorava grandes quantidades de lama para amenizar a sede e conseguir um mínimo de hidratação. A fome também a perturbava, embora com menos intensidade. Para aplacá-la, digeria uns musgos endurecidos que brotavam, escassos, à margem do buraco de lama.

E assim permaneceu por um longo período naquele ambiente tão hostil e desolado, entregue aos tormentos da dor, da solidão e da imensa desilusão que a realidade pós-suicídio lhe apresentava.

8

Evocação e socorro

"Despertai do vosso sono e entoai louvores a Deus, vós que habitais no pó, porque o orvalho que cai sobre vós é um orvalho de luz"
(E.s.E – Cap. IV; item 12)

Um tênue foco de luz tremeluziu ao longe, em meio ao denso breu que dominava inteiramente o local. Beatriz ficou olhando para ele, curiosa e assustada. Sentia-se como uma caça atemorizada pela possibilidade da aproximação de um caçador. Enfiou-se na lama até a altura do pescoço, repetindo o gesto defensivo a que se habituara sempre que se sentia ameaçada.

Ficou parada, a respiração ofegante, o coração aos saltos. A luz ia ganhando espaço, crescendo, aproximando-se dela. Antes que a moça, desesperada, pudesse fugir, foi completamente envolvida pela luminosidade. A única coisa que lhe restou fazer foi fechar os olhos, que lhe arderam terrivelmente, acostumados à completa escuridão, e esperar, incauta, que os acontecimentos se desenrolassem.

— Beatriz, você está aí? – perguntou uma voz tranquila.

Ela pensou que deveria ser mais um truque do monstro que a perseguia e ficou quietinha.

— Beatriz, não tenha medo! Você está entre pessoas que lhe amam e que só querem ajudá-la – insistiu a voz.

Tentou abrir os olhos, mas não conseguiu. A forte luminosidade feria-lhe as pálpebras, obrigando-a a mantê-los fechados.

— Beatriz, seus pais estão preocupados com você. O seu Fagundes e a dona Júlia estão querendo saber como você está.

Ao ouvir o nome de seus pais, ela sentiu um forte impacto.

— Então é isso! Finalmente vieram me buscar. Vão me levar para casa! – disse para si mesma, cheia de renovado ânimo.

Com esforço, conseguiu articular duas palavras:

— Estou... Aqui...

E a voz que a evocara também se animou.

— Graças a Deus! Ela está entre nós, meus irmãos! Vamos envolvê-la com muito amor, pedindo à espiritualidade maior que nos ajude nesta empreitada.

— Quem são vocês? – perguntou Beatriz, com menos dificuldade, pois percebera que, na verdade, não precisava pronunciar as palavras, bastava pensar nelas com clareza que alguém se encarregava de repeti-las em voz alta.

— Somos pessoas amigas e estamos no plano material. Somos médiuns em trabalho de socorro em nosso Centro Espírita.

— Como chegaram a mim?

— Na verdade, não estamos no mesmo ambiente que você. Estamos nos comunicando por intermédio do pensamento. Como se sente?

— Confusa... Quero falar com os meus pais...

— Eles estão lhe ouvindo, querida! Pode falar à vontade. Conte para nós onde você está.

— Estou num lugar muito escuro. Ouço gente chorando e gemendo. Vejo vultos... Sou perseguida por um monstro que fica me xingando o tempo todo... – começou a chorar. — Por favor, eu quero voltar para casa. Estou cansada! Peça para os meus pais virem me buscar. Eu não aguento mais tanto sofrimento! Faço qualquer coisa, mas me tirem daqui...

— Calma, minha filha! Reze comigo...

— Não quero rezar, quero ir embora para casa! Quero meus pais, meus irmãos... Quero voltar para a escola, rever minhas amigas...

— Você irá à hora certa. Agora, por favor, acalme-se!

— O que aconteceu comigo? Eu estava dormindo na minha cama, de repente acordei dentro de um caixão; enterrada viva, com sede, com dores... Depois, acordei de novo neste lugar horrível. Estou bebendo lama, comendo mato. Estou achando que enlouqueci, pois não consigo ordenar meus pensamentos. É tudo tão confuso, tão estranho...

— Minha filha, preste atenção no que vou lhe dizer: você se suicidou.

— Não! Eu não faria isso! Sou jovem, inteligente. Tenho a vida inteira para viver. Jamais iria me matar.

— Mas, infelizmente, é essa a realidade. Tente abrir os olhos.

— Eu já tentei, mas não posso. A luz queima as minhas retinas.

— Tente mais uma vez, devagar... Com calma... Abra-os mentalmente.

Com muito esforço, Beatriz concentrou-se e seguiu as orientações que foram passadas pelo dirigente do trabalho mediúnico.

— Agora, você terá a sensação de que uma tela branca irá se formando em sua mente – explicou ele.

— Não estou vendo nada.

— Preste bem atenção, minha querida. Concentre-se mais!

— Estou tentando.

Lentamente, um painel esbranquiçado foi se definindo no campo mental de Beatriz.

— E agora, consegue ver alguma coisa? – perguntou-lhe o dirigente.

— Sim! Parece uma tela de cinema.

— Isso mesmo, minha querida! Preste atenção nela. O que você consegue visualizar?

Beatriz percebeu que umas imagens começaram a se formar naquela tela que era criada por sua própria memória. Reconheceu-se nas imagens. Viu o seu quartinho de adolescente. Viu-se preparando o veneno para beber. Depois, o trágico instante em que foi encontrada pela mãe, naquela tenebrosa manhã.

— Acorda, sua preguiçosa! – brincou dona Júlia, sacudindo o cobertor.

Abriu a janela e a claridade do sol que começava a despontar entre as montanhas, ao longe, invadiu o quarto, expondo o rosto pálido de sua filha.

Ela percebeu que alguma coisa de anormal havia acontecido, pois Beatriz nem se movera. Aproximou-se, temerosa.

— Bia, você está dormindo?

Sacudiu-a. O corpo continuava inerte.

— Bia, responde, minha filha!

Abraçou-a.

— Bia, não brinca comigo deste jeito! Fala comigo, minha filha!

Sua voz estava ficando embargada, como se pressentisse a desgraça. Colou seu rosto ao da menina e caiu em si. Não havia vida naquele corpo.

Foi com um sofrimento indescritível que Beatriz viu o desespero de sua mãe. Seus gritos alucinados, enlouquecidos, suas lágrimas caindo em torrentes sobre o cadáver dela. Dona Júlia estava histérica, querendo duvidar da terrível imagem que os olhos insistiam em lhe revelar.

— Minha filhinha, querida! O que fizeram com você, minha queridinha! Não faça isso com sua mãe! Não me abandone, pelo amor de Deus! Não faça isso, minha bonequinha! Ajuda, meu Deus! Ajuda!

Dona Júlia não suportou o impacto e desmaiou. Atraídos pelos gritos dela, os filhos correram ao quarto e depararam com a terrível cena: o cadáver da irmã estirado na cama e a mãe desmaiada ao lado dele. Houve um grande alvoroço naquela casa. Ninguém conseguia harmonizar os pensamentos e entender o que se passara naquela noite, na intimidade do quarto da meiga e sonhadora Bia.

Seu Fagundes, que já havia saído para o trabalho, foi chamado de volta, às pressas. Dona Júlia foi levada de ambulância para o hospital e os policiais, que chegaram imediatamente, confirmaram o que todos já suspeitavam: Beatriz havia se envenenado. As evidências não deixavam a menor dúvida. Entretanto, pelo fato de o delegado, numa atitude irregular, ter julgado desnecessária a realização de uma autópsia no corpo, não foi descoberto o fato de ela estar grávida.

Beatriz nunca imaginou que seu pai fosse tão chorão. A imagem que guardara dele era a de um homem frio e impiedoso. Mas, descobriu, infelizmente tarde demais, que todo aquele gênio representava fraqueza e não força, como ela supunha. Era uma forma de se impor, de se mostrar durão, mas a morte da caçula expôs toda a sua fragilidade.

Durante o velório, inconsolável, seu Fagundes abraçava o corpo frio e rígido de Beatriz. Acariciava-lhe os cabelos e beijava-lhe o rosto sem vida, chorando convulsivamente.

— Ó, meu Deus! Devolve minha filhinha! Por favor, devolve! Eu prometo que vou ser um pai melhor a partir de agora!

E dava vazão a uma surpreendente atitude de descontrole emocional, movido pelo remorso de se julgar culpado pela morte dela.

Beatriz assistiu às imagens do seu próprio funeral. Seu pequeno caixão sendo levado pelos irmãos. Todos tristes e emudecidos, enquanto o sino da antiga igreja de São Sebastião, no alto da colina, dobrava-se em lúgubres e plangentes badaladas.

Viu o desespero de Rosilda, abraçada à mãe. Ambas estavam inconformadas e choravam copiosamente. Apesar do risco que corria de sofrer um infarto, dona Júlia implorara ao médico que a permitisse acompanhar o enterro. Condoído, ele permitiu, mas exigiu que uma ambulância a acompanhasse para o caso de uma emergência. Mas, apesar de toda a comoção daquele triste momento, nada de anormal aconteceu a ela.

Um enorme cortejo seguiu em direção ao cemitério, acompanhando o enterro. Nele estavam presentes todos os professores e os alunos da escola onde Beatriz havia estudado. Suas amigas, chorosas, procuravam se confortar mutuamente, tentando entender aquela atitude extrema que ela cometera. Era-lhes incompreensível o fato de Beatriz haver se matado. Era uma das garotas mais animadas e alegres do colégio. Demonstrava maturidade e autoconfiança. Dava conselhos às outras, tirava boas notas, tinha respostas sábias para todos os questionamentos.

Enfim, a lamentável atitude de Beatriz acabou implantando um clima de horror e insegurança entre todas as colegas.

O trágico acontecimento abalou a tranquilidade do pequeno município e o assunto foi comentado na cidade durante muito tempo.

— Como pude fazer uma asneira dessas? – perguntou Beatriz, demonstrando profundo arrependimento.

— Já está feito, minha querida. As consequências do seu ato não podem mais ser evitadas, mas o sofrimento pode, ao menos, ser amenizado – disse-lhe o dirigente do grupo que a havia evocado.

— Então é isso! – comentou ela, sem prestar muita atenção ao que ele dissera. — Está tudo explicado. Fiz uma grande besteira e fui enviada para o inferno, porque com certeza este lugar é o inferno. Vou ficar aqui para sempre?

— Você está equivocada, minha filha. Você não está no inferno e nem vai ficar aí eternamente. Deus é justiça, mas é também amor e bondade. Ele não relega seus filhos ao sofrimento eterno. Ao contrário, oferece a todos a oportunidade da reparação.

— Como reparar um mal tão grave?

— Todos os males são passíveis de reparação.

— Há quanto tempo estou aqui?

— Há pouco mais de oito anos.

— Oito anos? Oh, meu Deus! Estou enfiada numa poça de lama há tanto tempo? – perguntou Beatriz, sobressaltada.

— O tempo é o que menos importa. O importante agora é conscientizar-se da realidade e buscar reparação para as faltas cometidas.

— Eu não me conformo! Em oito anos poderia ter feito tanta coisa! Minha vida poderia ter sido tão diferente... E eu perdendo minha juventude neste lugar horroroso!

— Mas, infelizmente, você se precipitou. Não teve fé suficiente para entregar os seus problemas nas mãos de Deus.

— Como posso corrigir um erro tão grave?

— Beatriz, minha filha! Como eu lhe disse, Deus é amor, e Ele não desampara nenhum dos seus filhos...

— Mas eu estou desamparada!

— Você já pediu ajuda?

— Como? Se eu nem sei onde estou ou o que está acontecendo comigo!? Se estou sonhando ou vivendo uma realidade!? Se estou lúcida ou louca...

— Calma, Beatriz! Tudo o que você está vivendo é realidade, minha querida! Estamos reunidos em nossa Casa Espírita, neste trabalho fraterno, justamente para instruí-la e auxiliá-la.

— Mas, é estranho! Como posso ter me matado, se continuo viva?

— Você exterminou o seu corpo físico, mas vive em Espírito, pois este é imortal.

— Mas eu não me livrei do meu corpo também. Ainda o sinto. Sinto sede, fome e dor. Sinto-me suja. Minhas roupas viraram trapos...

— Essas sensações são só um reflexo do que você sentia enquanto encarnada. Agora você está vivendo no plano espiritual e tudo o que precisa é de atendimento, esclarecimento e socorro para se livrar dessas impressões desconfortáveis. É para isso que estamos aqui.

— Parece tudo tão difícil...

— Só depende de você, minha filha. Da sua fé em Deus. Você quer ser socorrida?

— Oh, meu Deus! É tudo o que eu mais quero! Preciso sair deste lugar. Ajude-me! Ajude-me, por favor, ó bom Deus!

Suplicou com muita sinceridade, mãos erguidas para o alto e o coração cheio de fé e esperança.

— Eleve seu pensamento a Deus – disse o dirigente. — Pense em Jesus Cristo, nosso divino irmão. Pense em Deus e na sua infinita misericórdia, minha filha!

E elevou aos céus uma comovida oração em favor da moça.

Então, tudo se transformou à volta de Beatriz. O ar se tornou menos denso e ela conseguiu respirar com maior facilidade.

— Oh, meu Deus! – suspirou, olhando ao seu redor. — Quem são estas pessoas que se aproximam de mim?

— São os socorristas espirituais. Nossos irmãos em Cristo que, assim como você, encontram-se momentaneamente desencarnados e vieram lhe resgatar. Eles vão conduzi-la para uma colônia de tratamento, onde você receberá toda a atenção necessária à sua recuperação. Confie neles, minha querida.

— Mas eu estou toda suja, enlameada...

— Não precisa se preocupar com isso. Deixe-os colocá-la sobre esta maca. Eles vão cuidar muito bem de você.

Beatriz foi amparada pelos enfermeiros espirituais que a envolveram cuidadosamente num lençol, colocaram-na sobre uma maca hospitalar e se prepararam para retirá-la dali.

— Vá com Deus, minha filha! – disse-lhe o médium.

— Fiquem com Deus também e, por favor, não me esqueçam! Lembrem-se de mim nas suas orações. Diga aos meus pais que eu os amo muito.

E seguiu, conduzida pelos enfermeiros espirituais que a levaram dali.

Beatriz estava sendo resgatada do Umbral, graças à interferência de seu Fagundes e de dona Júlia que, inconformados, logo após o suicídio da filha, procuraram esclarecimentos e foram conduzidos por amigos a um Centro Espírita.

Após conhecerem a Doutrina, tiveram o consolo de saber que Beatriz não estava morta e que precisava de muita vibração de amor e de fervorosas preces em seu benefício.

Durante oito anos, as orações e as vibrações dos dois foram direcionadas à proteção e ao restabelecimento da moça. Sabiam agora que este era o meio mais eficaz de auxiliá-la.

O trabalho realizado pelos médiuns naquela reunião, após inúmeras tentativas, finalmente surtira efeito. Beatriz havia sido localizada e orientada pelo dirigente do trabalho sobre a sua condição. Aproveitando bem o momento de lucidez oferecido pelos medianeiros, solicitou ajuda e foi socorrida por um dos inumeráveis grupos de trabalhadores desencarnados que atuam junto às equipes nos trabalhos de desobsessão, dedicando-se ao resgate dos sofredores nos territórios inferiores.

Foi, possivelmente, pela caridosa interferência dos pais, que houve uma considerável redução de tempo no período que Beatriz poderia ter ficado presa aos padecimentos, naquele ambiente inóspito e deplorável. Há casos em que o suicida permanece no Umbral pelo mesmo período de tempo que deveria ter se mantido na Terra, durante a encarnação desperdiçada e isso pode representar décadas.

Toda falta precisa ser resgatada, mas a duração da pena, que a própria consciência aplica ao faltoso, varia de acordo com o entendimento do Espírito apenado, das súplicas emitidas em seu favor por aqueles que verdadeiramente o amam e se compadecem de sua desgraça, além da aceitação do socorro que lhe é oferecido pela caridade dos trabalhadores espirituais.

Terceira parte
O abrigo

9

Ivone e Augusto

"Não se turbe o vosso coração. Crede em Deus, crede também em mim. Há muitas moradas na casa de meu pai."
(E.s.E – Cap. III; item 1)

No primeiro dia que chegou ao abrigo, Beatriz acordou bastante assustada. Era incrível, mas hegou a sentir falta do lodo que durante tanto tempo lhe encobrira o corpo. Sentiu-se desprotegida sem aquela estranha roupagem gosmenta a lhe envolver.

A maneira como se encontrou na primeira manhã, após tanto tempo mal acomodada naquele poço de lama, era-lhe muito estranha. Estava limpa, confortavelmente deitada numa cama de lençóis branquíssimos, a cabeça apoiada num travesseiro macio, levemente perfumado, mas se sentiu mal.

O silêncio reinante no ambiente em nada lembrava os gemidos agônicos com os quais acordara no período de sua passagem pelo Umbral. No entanto, aquele silêncio a incomodava, dava-lhe a impressão de que a qualquer momento um estrondo, um grito, uma gargalhada sinistra ou qualquer outra coisa pavorosa iria quebrantar o sossego e provocar um grande transtorno, como um terremoto ou a abrupta erupção de um vulcão.

Abriu os olhos devagarzinho, pois a luz ainda lhe feria as pálpebras. Aos poucos, foi visualizando o cenário: estava em um pequeno quarto de paredes alvas. Era um aposento retangular, com uma porta bege, que se encontrava fechada, e uma pequena janela, sem cortinas, de onde ela podia ver um pedaço de céu infinitamente azul. Achou-o tão lindo, que chegou a pensar ser a pintura de um quadro naturalista.

Sonolenta, já estava quase dormindo novamente quando uma simpática e sorridente senhora entrou no quarto.

— Que bom que você acordou, minha querida! – disse ela, aproximando-se e afagando os cabelos de Beatriz. Depois, sentou-se numa cadeira de encosto alto que estava ao lado da cama, fitando a moça com extrema candura.

— Como está se sentindo?

— Confusa e com sono. Onde estou? – perguntou Beatriz, com um tom de voz cansado.

— Você está numa colônia de tratamento. Mais precisamente no cantinho a que chamamos de Abrigo das Azaleias. Meu nome é Ivone, eu trabalho aqui. Sou uma espécie de enfermeira e fui encarregada de cuidar de você – respondeu a mulher, amavelmente.

— É tudo tão estranho...

— É muito normal que esteja confusa, minha querida. Mas, não se preocupe, porque em breve você se sentirá melhor.

— Tenho uma vaga lembrança do que me ocorreu. Lembro-me de que fui resgatada daquele lugar horrível, depois de ter conversado com umas pessoas e pedido ajuda a Deus.

— Exatamente. Um grupo de socorristas a trouxe para cá.

— Há quanto tempo?

Ivone consultou a memória.

— Há vinte... Vinte e três dias.

— Vinte e três dias? Tanto tempo assim? – espantou-se.

— Você estava muito mal. Até que não demorou tanto.

— A senhora cuidou de mim durante todo esse tempo?

— Diuturnamente, minha querida! Mas, faça-me um favor. Chame-me apenas de Ivone. Esqueça esse tratamento cerimonioso, está bem?

— Obrigada, Ivone. Deus lhe pague...

— Não precisa me agradecer. Aliás, sou eu quem deve agradecê-la.

— Agradecer a mim? Por quê?

— Por estar me oferecendo a oportunidade de ser útil. A caridade é uma via de mão dupla. E, sinceramente, praticá-la é ainda melhor do que recebê-la, sabia?

Beatriz sorriu por sorrir. Na verdade, as palavras da mulher não lhe fizeram muito sentido naquele momento. Bem mais tarde é que ela iria compreender-lhes o significado.

Ivone tinha um sorriso muito especial. Seus olhos possuíam um brilho intenso e seu tom de voz era sempre brando e amoroso. Enquanto falava com Beatriz, acariciava-lhe a mão e a face, demonstrando por ela grande afeto.

— Preciso sair agora. Vou avisar a uma pessoa que você acordou – disse, levantando-se.

— Uma pessoa? Posso saber quem é?

— Daqui a pouco você saberá.

Beatriz voltou a ficar sozinha no silêncio do quarto. Estava sonolenta e acabou dormindo novamente. Quando acordou, a janela estava fechada. Julgou que havia anoitecido. Uma tênue luminosidade deixava o aposento em penumbras. Percorreu os olhos lentamente e percebeu que um vulto se encontrava sentado na cadeira que ficava à cabeceira de sua cama.

— Ivone? – perguntou, com voz sonolenta.

— Não, minha querida! – respondeu-lhe um senhor sexagenário, com os mesmos gestos corteses e a mesma brandura que havia na voz da mulher.

— Quem é o senhor?

— Meu nome é Augusto. Mas, por favor, não precisa me chamar de senhor.

— O senhor... Quer dizer... Augusto, você é médico?

— Não, exatamente. Sou um velho amigo seu.

— Não me lembro de conhecê-lo.

— Há muitas coisas das quais você levará algum tempo para recordar, Beatriz. Isso é natural. Mas, não se preocupe, pois, tempo é uma coisa que não lhe faltará por aqui – disse ele.

— Para me recordar do quê?

— De tudo, minha querida. Por enquanto posso apenas lhe assegurar que você não é só uma jovem mocinha. Sua vida não se resume a uma única e tão curta existência. Há em você uma bagagem muito mais ampla, um arquivo imenso a habitar-lhe a memória. A minha função é ajudá-la a encontrar a chave dos seus arquivamentos mentais – disse ele, sorrindo.

Beatriz sorriu também, mas o fez sem a menor demonstração de entendimento.

10

O Espírito guia

"Jamais nos encontramos privados da assistência dos bons Espíritos e de nós depende o afastamento dos maus."
(E.s.E – Cap. XVIII; item 11)

À medida que os dias transcorreram, Beatriz foi sendo orientada sobre a sua condição. Ela estava sendo tratada, não num hospital, mas numa pequena casa, cercada por um grande jardim. Ivone e Augusto eram uma espécie de hospedeiros seus. Tratavam-na muitíssimo bem, atendendo-a em todas as necessidades. Instruíam-na, tiravam-lhe as dúvidas e, pouco a pouco, ajudavam-na a recobrar a consciência.

Mais tarde, Beatriz ficou sabendo que esse tipo de atendimento é oferecido a Espíritos que, mesmo tendo desencarnado de forma traumática, apresentam um certo grau de equilíbrio após o resgate. A forma como são tratados na colônia, depende de uma criteriosa avaliação logo após despertarem do sono induzido.

Se despertam tranquilos e aceitam com resignação o tratamento oferecido, permanecem no abrigo, mas se despertam revoltados, rancorosos e agressivos, são internados em enfermarias ou em isolamentos condizentes com o seu estado mental. Às vezes, até mesmo em manicômios e, muitas vezes, necessitando até de camisas de força para os apaziguar.

Quando se deu conta disso, Beatriz perguntou a Augusto:

— Por que minha condição não era tão grave, ao ser resgatada do Umbral? Afinal, eu me sentia extremamente fragilizada naquele momento.

Augusto respondeu com muita serenidade:

— Beatriz, minha querida! Há uma enorme diferença entre fragilidade e descontrole emocional. O que nos leva ao desequilíbrio é a desesperança, e esta só ocorre nos casos de total abandono.

— Mas, eu estive abandonada por oito anos, Augusto...

— Aí é que você se engana, minha irmãzinha!

A misericórdia divina é ilimitada e a oportunidade da regeneração nos é dada em todos os momentos; mesmo nos mais críticos. Durante o tempo que você esteve enfiada naquela poça de lama, o amparo dos seus entes queridos que ficaram na Terra, por meio de orações, livrou-a de sofrimentos muito piores do que aqueles que você experimentou e que poderiam ter lhe traumatizado profundamente, levando-a ao total desequilíbrio.

— Não consigo imaginar sofrimentos mais penosos do que os que enfrentei, Augusto.

— Pois é bom mesmo que não os imagine, pois são terríveis.

— Fale-me sobre isso, por favor! Eu preciso saber de tudo.

Augusto segurou-lhe as mãos. Olhou-a profundamente nos olhos e, após um grave suspiro, relatou:

— O lugar onde você esteve, minha querida, é habitado por Espíritos desajustados de todas as formas. Ali, assim como entre os encarnados, há territórios dominados por falanges de homens cruéis e impiedosos que sequestram e escravizam os infelizes recém-chegados em seus domínios, principalmente os suicidas, pois estes geralmente desencarnam com a autoestima baixíssima e não oferecem resistência alguma aos seus algozes. Uma vez aprisionadas, as vítimas sofrem todo o tipo de violência e humilhação que se pode supor e, o que é pior, sem poderem contar sequer com a morte para livrá-los do sofrimento, pois, à sua maneira, já estão mortos. Uma moça bonita e frágil como você, sofreria tantos abusos, que, certamente, quando viesse a ser resgatada, não apresentaria esse mesmo quadro de equilíbrio e teria de ser internada num manicômio, onde a recuperação é muito mais lenta e complicada.

— Oh, meu Deus! Como sou grata por não ter caído nas mãos desses monstros. Alguma vez eu estive para ser aprisionada?

— Sim, várias vezes. As entidades impuras sabiam que você havia se suicidado, pois elas próprias se encarregaram de incentivá-la a fazer aquilo. Por isso, fizeram várias incursões próximas ao poço onde você se achava, tentando localizá-la. Chegaram mesmo a vê-la, mas esperavam encontrar a mocinha bonita e atraente de antes. A visão que tinham agora de você era a de um animal disforme, coberto de lama e musgo. Por isso, não a importunaram.

— Mas, havia um monstrengo horrível que não me deixava em paz. Quem é ele?

— Apenas mais um dos infindáveis Espíritos infelizes e desajustados que habitam nas trevas. Estava se divertindo às suas custas, pois, de alguma forma, conhecia a causa da sua desgraça.

— Pode ser alguém ligado a mim?

— Talvez sim, talvez não. Ele pode ter sido atraído pela projeção do sentimento de culpa de sua própria consciência. Há Espíritos que se comprazem em fazer o mal e eles o fazem sempre, independentemente de ser a um conhecido ou a um estranho. De qualquer modo, a fé demonstrada por seus familiares, as fervorosas orações emitidas em seu favor, criaram uma espécie de escudo que, somando-se à lama que lhe encobria o corpo, protegeram-na. A prece, o amor incondicional e a fé em Deus são os únicos recursos que podem nos livrar da maldade alheia.

— Mas, eu nem sabia ao certo o que estava acontecendo. Como pude ser favorecida, se estava inconsciente dessa condição?

— Você estava receptiva às boas vibrações emanadas em seu favor, pois embora confusa não se deixou contaminar por sentimentos rancorosos. Você aceitou aquele período de reparação de forma abnegada. No fundo, estava consciente de sua própria culpa e não acusou ninguém de ser o responsável pelo seu padecimento. Assim sendo, não emitiu maus pensamentos e ficou mais protegida.

— E se eu tivesse emitido maus pensamentos?

— Certamente teria sido identificada e, com certeza, capturada pelos malfeitores, pois, assim como os Espíritos elevados detectam as vibrações positivas e as orações sinceras, os Espíritos trevosos possuem uma espécie de radar mental que captam as más vibrações, as imprecações e localizam imediatamente a sua origem.

— Mas isso só ocorre quando a gente está desencarnada?

Augusto sorriu com tristeza.

— Quem dera! Essa perseguição tanto ocorre aqui, quanto do outro lado, minha irmãzinha. O pensamento é um elo entre os dois mundos. Os maus pensamentos, uma vez emitidos, são sempre detectados, incentivados e ampliados pelas entidades desequilibradas. Se uma pessoa pensa em cometer uma má ação, os Espíritos inferiores imediatamente a localizam e passam a incentivá-la a levar a termo a sua insanidade. Dependendo do grau de dependência dessa pessoa, tais entidades subjugam e a induzem a cometer crimes de que ela nunca se julgou capaz.

— Como o suicídio – arrematou.

— Não só o suicídio, mas todos os tipos de atrocidades praticadas pelo homem, muitas vezes contra seus próprios pares. É o que eles chamam de cegueira momentânea. Os advogados, para defendê-los nos tribunais dos homens, alegam que o ato foi praticado sob o impacto de forte emoção, mas, na verdade, todos esses crimes são cometidos sob a influência dos malfeitores espirituais e, é claro, com a aquiescência ou o desejo do encarnado.

— Mas essa influência não isenta de culpa o criminoso?

— De forma alguma! Como eu lhe disse, tudo começa com a emissão do pensamento. Primeiro o homem pensa, depois é que parte para a ação. O espaço de tempo entre o pensamento e a prática da ação não é ocupado apenas pelos maus Espíritos, mas, também, pelo guia espiritual do encarnado. Nesse período o encarnado recebe, de um lado, o incentivo para levar adiante o sinistro planejado e, de outro, a orientação para recuar, para desistir de tudo e não se comprometer. Se tiver fé em Deus e compaixão pelo seu semelhante, se respeitar a lei do amor que há cerca de dois mil anos Jesus levou à Terra, ele ouvirá a voz da razão e deixará de cometer o crime. Do contrário, estará se comprometendo e não haverá argumentação que o livre do julgamento do pior júri que se pode enfrentar, ou seja, o tribunal da própria consciência. Nele, não há absolvição baseada em suposições e nem condenação injusta, porque não há como fugir da verdade, uma vez que juiz e réu são a mesma pessoa e o veredicto não pode ser corrompido.

— Por que é permitida a ação dos Espíritos desequilibrados sobre os homens?

— Porque, segundo a lei do livre-arbítrio, tudo nos é permitido, cabe a nós escolhermos o que nos é conveniente. Além disso, as entidades inferiores não invadem os nossos pensamentos apenas por suas vontades. Só o fazem, se nós as convidamos, quando direcionamos os nossos pensamentos para o mal. Somente nessas circunstâncias é que elas nos localizam e passam a atuar sobre nós.

— Desculpe-me a ignorância, Augusto, mas você falou sobre guia espiritual. O que exatamente isso quer dizer?

— Guia espiritual, Bia, é o Espírito protetor, geralmente unido ao encarnado por laços afetivos e que o acompanha desde o nascimento até o desencarne.

— Quer dizer que todos os encarnados têm um guia espiritual?

— Sim, minha querida! Todo encarnado tem o seu protetor, cuja missão é orientar e guiar o seu protegido para o bom caminho, dando-lhe sempre as melhores sugestões possíveis.

— É o que nós chamamos de inspiração?

— Sim. As boas inspirações que temos enquanto encarnados são, na verdade, conselhos que nos são dados pelos nossos guias espirituais.

— E que nem sempre ouvimos...

— Infelizmente! O problema é que, quando emitimos um mau pensamento é porque estamos desequilibrados e, nesses momentos, é bem mais fácil ouvir os maus do que os bons conselhos. As boas obras exigem renúncia, humildade, caridade, amor... Enfim, todos os nobres sentimentos que o desequilíbrio renega. Por isso é tão importante estarmos atentos ao orai e vigiai. Somente por meio da oração e da vigília, estaremos livres dos maus pensamentos e, consequentemente, do desequilíbrio.

A observação de Augusto a fez lembrar-se de um episódio ocorrido na hora de sua maior fraqueza e comentou:

— Em alguns momentos, antes de tomar o veneno para me suicidar, tive a impressão de ouvir uma voz me dizendo para não fazer aquilo. Para desistir...

— Eu sei! A voz dizia assim: Bia, minha irmãzinha, não faça isso! Creia em Deus, Ele lhe ama e vai lhe amparar!

— Exatamente, assim. Como é que você sabe?

— Era eu, Bia. Fui seu guia espiritual e acompanhei todo o seu drama.

A surpresa a deixou totalmente desconcertada.

— Como assim? Você, Augusto? Por quê?

— Já disse que sou um velho conhecido seu, minha querida! Mas não se preocupe, pois na hora certa, você se recordará de tudo. Paciência!

Beatriz ainda não havia assimilado o impacto da revelação, quando Augusto a envolveu num abraço fraterno e beijou-lhe carinhosamente na testa. Ele estava penalizado com a situação dela, pois sabia que o suicídio só agravara ainda mais o compromisso de sua reparação.

Além de não livrar ninguém de suas responsabilidades, o tresloucado ato coloca o infeliz numa condição de indigente espiritual e nem os mais piedosos socorristas podem resgatá-lo das esferas inferiores antes do tempo previsto. Cabe a eles, unicamente, vibrarem sentimentos de amor e de equilíbrio ao suicida até que a autorização para o resgate seja dada.

A estada de um suicida no plano espiritual, de modo geral, é bastante dolorosa, devido ao inevitável arrependimento pela atitude tomada. Além disso, sua missão ficou inacabada na Terra e ele sabe que precisa voltar para dar continuidade a ela. Pior; compreende também que a próxima encarnação costuma ser bem mais complicada do que a anterior. A violência infligida ao organismo, geralmente provoca sequelas que ficam arraigadas no perispírito e que se manifestam no corpo físico, na encarnação seguinte. A tendência a um novo suicídio será bastante forte e, se o Espírito não tiver se fortalecido muito durante a passagem pelo plano espiritual, poderá cometê-lo novamente.

Augusto pensava em tudo isso e se preocupava imensamente com a sua protegida. Estaria ela fortalecida o suficiente para encarar tão dura realidade? Ivone, que acabara de adentrar o quarto e que pressentira as preocupações do companheiro, juntou-se a ele naquele abraço amoroso.

Pela primeira vez, Beatriz se sentiu em casa. Teve a sensação de estar vivendo um reencontro há muito tempo esperado, mas não sabia porque estava sentindo aquilo. Tentou dizer qualquer coisa, mas sua voz estava embargada. Limitou-se a soluçar baixinho e deixar que lágrimas de profunda emoção lhe banhassem o rosto.

11

Um lugar especial

"Assim como para o obreiro o Sol se levanta no dia seguinte, também para o homem, após a noite do túmulo, brilha o Sol de uma nova vida."

(Æ.s.E – Cap. V; item 5)

Após aquele dia, sua afeição por Augusto, que já era grande, ampliou-se consideravelmente. Beatriz, apesar da imensa saudade que sentia dos entes queridos, tornou-se mais alegre e comunicativa. Percebia, gradativamente, que as sensações físicas que às vezes a acometia não passavam de meras ilusões mantidas em sua mente e que não tinham mais a menor razão de ser. Era puramente por caridade que Ivone e Augusto não tocavam neste assunto, deixando que ela percebesse, por si mesma, a ausência do corpo perecível que a havia revestido na última encarnação, assim como as suas naturais necessidades.

A matéria fluídica que forma o corpo perispiritual dispensa os cuidados que se emprega constantemente nos corpos físicos e, sem os quais, estes se tornam fétidos e doentes.

O corpo perispiritual ou semimaterial é formado de uma substância vaporosa que reveste o Espírito e que, geralmente, mantém as mesmas características fisionômicas do invólucro carnal da última encarnação. Por isso, Beatriz continuou tendo a aparência de uma bonita adolescente de longos cabelos castanhos e olhos verdes, porém notou que seu corpo não era mais formado pela matéria densa e perecível como a da encarnação terrena. Tudo nela era mais sutil. Aliás, não só nela, mas em tudo aquilo que a cercava: a estrutura da casa, os móveis, os utensílios, enfim, tudo à sua volta possuía essa mesma característica fluídica.

Quanto mais se certificava daquela nova situação, mais percebia que ela não lhe era tão inusitada. E assim, gradativamente, ia revivendo situações pelas quais já havia passado inúmeras vezes.

Percebeu que voltar ao plano espiritual é como revisitar, depois de muitos anos, a casa onde se passou a infância. Inicialmente, se acha tudo diferente, fora de ordem, mas, aos poucos, percebe-se que nada mudou, a não ser o próprio visitante.

Uma manhã, Augusto, que não se cansava de instruí-la, disse-lhe:

— Muito bem, dona Beatriz! Vamos saindo desta cama, imediatamente.

A ordem a pegou de surpresa.

— Tem certeza de que eu já posso fazer isso? – perguntou, insegura.

— É claro que tenho, minha querida! Até porque, vou levá-la a um lugar que você vai simplesmente adorar!

— Que lugar é esse? – indagou curiosa, sentando-se na cama.

— Surpresa!

Augusto e Ivone ajudaram-na a se levantar. Ao colocar os pés no chão, Beatriz sentiu uma leve tontura e eles a ampararam.

— Calma! – disse Ivone. — Devagar, minha querida!

— Não sei se vou conseguir. Acho que é melhor voltar para a cama – sugeriu, preocupada.

— De jeito nenhum! Chega de cama, menina! – falou Augusto em tom de brincadeira.

— Não se preocupe com este mal-estar – completou Ivone. — isso logo passa.

E Augusto conduziu-a, vagarosamente, para o quintal. Uma vereda estreita e sinuosa estendia-se por entre as árvores e se perdia na distância.

Seguiram por ela, silenciosos e alegres. A manhã estava morna e agradável. Um aroma delicioso de variados néctares invadiu o olfato de Beatriz. O cântico dos pássaros, entre os ramos das árvores, soou com agradável harmonia aos seus ouvidos. Finalmente, ela voltava a sentir a alegria de estar viva.

Aquela caminhada era desnecessária. Os Espíritos desencarnados não precisam caminhar. No entanto, a paciência das entidades evoluídas é algo impressionante. Beatriz estava em fase de readaptação e parecia um aleijado que, após anos e anos entrevado, deixasse a cadeira de rodas. Augusto nem cogitou a possibilidade de convencê-la a segui-lo de outro modo. Caminhou de mãos dadas com ela, como se também ele precisasse caminhar para se locomover. Seguiram como se estivessem num parque ecológico da Terra, e ela, sem dar conta de nada, achando aquilo a coisa mais natural do mundo.

Foi assim que Augusto a levou ao lugar que inspirou o nome dado ao Abrigo. Um belíssimo jardim, num recanto isolado do quintal, totalmente formado por azaleias de matizes inimagináveis. Entre elas, borboletas e beija-flores, muito mais lindos que os conhecidos na Terra, promoviam verdadeiras evoluções, como a lhes dar boas-vindas. Os ainda tênues raios de sol da manhã que principiava, banhavam de luz a viva aquarela que se lhes apresentava à frente.

Diante daquela visão espetacular, grande parte de uma Beatriz muito diferente foi imediatamente restabelecida. Uma emoção indefinível tomou-a inteiramente. Esforçou-se para não se derreter em lágrimas na frente do amigo. Foi como se, de repente, várias peças de um gigantesco quebra-cabeças houvessem se juntado e formado um desenho espetacular que era ela própria.

Uma parte de Beatriz continuava sendo aquela adolescente de dezesseis anos que havia se suicidado. Outra parte tornara-se um Espírito milenar, com uma bagagem de vida imensurável. Uma existência onde erros e acertos se mesclavam em múltiplas experiências encarnatórias e formavam um único ser que, incrivelmente, era ela.

Augusto percebia toda a ebulição psíquica que a consumia naquele momento, mas nada dizia. Apenas a amparava, protegendo as mãos de Beatriz entre as suas, emitindo ondas fluídicas de amor fraterno para lhe dar sustentação.

Permaneceram assim por muito tempo e, quando Beatriz conseguiu pronunciar algumas palavras, elas soaram com extrema mansuetude.

— Louvado seja Deus! – exclamou.

E Augusto voltou a abraçá-la.

— Para sempre seja louvado! Seja muito bem-vinda, minha querida! Esta é a nossa pátria. Esta é a nossa casa e o Abrigo das Azaleias é todinho seu!

A partir daquele dia, Beatriz passou a visitar frequentemente o jardim, sempre em companhia de Augusto. Ela tinha muitas dúvidas e ele sempre procurava saná-las.

Na verdade, a revolução psíquica por ela enfrentada, não ocorreu de maneira completa. As imagens de suas diversas encarnações foram projetadas em sua mente com uma velocidade estonteante, não se detendo em nenhum tempo ou local. Por isso as dúvidas continuavam e era por intermédio das conversas com Augusto que as coisas iam se tornando mais claras para ela.

Às vezes, a saudade dos familiares da última encarnação e a recordação dos fatos ocorridos, deixavam-na um pouco nostálgica e, nesses momentos, ela precisava de uma atenção especial do seu querido e incansável instrutor.

— Tudo na vida tem o seu porquê – disse Augusto, certa vez.

— Mas há coisas que são muito difíceis de serem compreendidas – arrematou Beatriz.

— Sim, desde que desconheçamos as suas causas. A partir do momento em que a razão dos nossos sofrimentos nos é desvendada, tudo se torna perfeitamente compreensível.

— A lei de causa e efeito, não é?

— Perfeitamente! Toda ação que cometemos, provoca uma reação. A boa ação nos engrandece. A má ação nos apequena e, fatalmente, passa a exigir uma reparação. E, acredite, não há uma ação sequer, por menor que seja, que não esteja sujeita a essa lei.

— Pensando assim, fico ainda mais apreensiva por ter cometido suicídio. Significa que eu estava vivendo uma situação pela qual teria que passar. No entanto, fraquejei...

— Infelizmente é isso mesmo. O suicídio interrompe o ciclo encarnatório antes do tempo e não permite a concretização do compromisso firmado. Mas não se consuma em remorsos ou arrependimentos, porque isso não leva a nada, a não ser a mais sofrimentos. Deus, que é um pai extremamente misericordioso, sempre nos dá a chance de recomeçarmos. O único inconveniente disso é que, agindo assim, nós prolongamos as nossas dores além do necessário e, pior, contraímos mais dívidas cármicas, aumentando ainda mais o peso da reparação.

— Mas, por que precisei passar por aquela provação?

— Ótimo! Você chegou onde eu queria. Quer mesmo saber o que aconteceu antes da sua encarnação como Beatriz?

— Quero.

Augusto a encarou com um olhar cândido, porém, bastante sério.

— Está mesmo preparada para isso?

— Estou, Augusto! Eu preciso saber de tudo. Por favor, conte-me o que aconteceu.

— Está bem, minha querida! Feche os olhos, faça uma oração, peça ajuda a Deus e relaxe. Concentre-se, pois as imagens do que lhe ocorreu serão projetadas em sua mente.

Beatriz seguiu as instruções de Augusto e, aos poucos, teve a sensação de que uma enorme tela ia se formando em sua mente. Umas imagens, a princípio distorcidas e mudas, tornaram-se nítidas e audíveis. Ela tinha a sensação de estar numa sala de cinema, onde um filme estava começando a ser projetado. Buscou equilíbrio interior, pois sabia que só assim conseguiria assisti-lo até o final.

12

Encontro com o passado

"Que fizeste, ecônomo infiel, dos bens que te confiei? Esse poderoso móvel de boas obras, exclusivamente o empregaste na tua satisfação pessoal?"
(E.s.E – Cap. XVI; item 11)

O cenário projetado na mente de Beatriz foi o de uma próspera fazenda de café, em Minas Gerais. Embora não tenha ficado muito claro o período, tudo indicava que a Lei Áurea, assinada pela Princesa Isabel, e que libertaria os negros da escravidão, estava ainda muito longe de ser decretada.

Manoel Belizário, proprietário dessa fazenda, era um homem extremamente materialista e cruel.

Fazia questão, ele próprio, de chicotear os escravos insubmissos, principalmente os fujões, chegando mesmo a matar alguns deles a pancadas, geralmente os mais improdutivos e rebeldes, para servirem de exemplo aos outros.

Alguns flashes exibindo esses desatinos foram mostrados, antes que a cena principal se iniciasse.

Belizário enviuvou aos 65 anos de idade e nem cogitou a possibilidade de se manter sozinho, após quase quarenta anos de casado. Mas não queria casamento com uma mulher mais velha. Dizia que mulher de idade avançada dava muito aborrecimento e pouco prazer. Por isso, andou sondando nos arredores, mas não encontrou nenhuma moça disponível que o agradasse o suficiente para pensar em novas núpcias.

Um dia, um dos feitores o procurou.

— Patrão, localizamos uma família de retirantes acampada nos domínios da sua fazenda.

— Mas que desaforados! Em que lugar estão esses diabos?

— Lá no Grotão, seu Belizário. Perto da curva grande do rio. O senhor quer que eu reúna os homens e bote eles pra correr?

— Vamos só nós dois, Clemente. Quero fazer isso eu mesmo.

Tratava-se de uma família que estava fugindo da miséria em que vivia na Bahia. Após passarem muita fome, decidiram pegar a estrada em busca de melhor sorte. Atravessaram a fronteira e, depois de muito caminhar, chegaram em Minas Gerais. Ali encontraram, no lugar denominado Grotão, na fazenda de Belizário, um verdadeiro oásis. O local havia sido o pomar da antiga sede da fazenda, possuía muitas árvores frutíferas, além de ser extremamente bonito e acolhedor.

Belizário não costumava ser gentil com os andarilhos que ali aportavam, em busca de guarida. Não tinha a menor paciência com os que ele chamava de invasores. Por isso, mantinha seus homens sempre atentos às fronteiras de suas terras.

— Quem são vocês? – perguntou com voz ameaçadora, sem apear do cavalo.

O homem, magro e muito pálido, aproximou-se da montaria. Chapéu na mão, olhar submisso.

— Perdoe a nossa intromissão, seu moço. Só paramos aqui porque as crianças não aguentavam mais andar. A gente estava morrendo de fome, daí vimos as frutas que os passarinhos estavam comendo...

— Essas frutas têm dono, sabiam?

— Nós procuramos, mas não vimos ninguém por perto pra pedir autorização...

— Sabem que isso é roubo? Sabem que roubo é crime?

— Por favor, seu moço, perdoe a gente... não fizemos por maldade... Posso trabalhar pro senhor e pagar o que comemos...

Vendo o pai em apuros, as crianças se aproximaram. Era um rapazinho quase adolescente e uma menina púbere, beirando os quatorze anos de idade. Os olhos de Belizário ganharam um brilho especial ao ver a mocinha, que lhe despertou grande interesse. Imediatamente, mudou de atitude e baixou o tom de voz para falar com eles.

— Não se preocupe, seu... Como é o seu nome?

— Me chamam de Tonho.

— Não vou prejudicá-lo, seu Tonho. Só o estou alertando, porque tem muito fazendeiro ruim por aí que não pensaria duas vezes em castigá-los pelo que estão fazendo. Mas, não é esse o meu caso. Sou um homem temente a Deus e gosto de praticar caridade.

— Deus lhe pague, meu senhor!

— Amém. Meu nome é Belizário.

— Deus lhe pague, seu Belizário!

— Amém. Você tem uma bela família.

— Agradecido! Esse é o Marinho, essa menina é a Elisa e aquela ali é a Rita, minha patroa.

— Muito prazer. Mas estão todos muito judiados, seu Tonho! Faz assim, junte suas tralhas, sua família e acompanhe o Clemente que ele vai cuidar de vocês.

Belizário instruiu o feitor a conduzir a família à sede da fazenda e oferecer-lhes tudo o que quisessem.

Tonho, desconfiado de que alguma coisa de errado estava acontecendo, mas sem alternativas, acedeu e seguiu o feitor.

No entanto, foram muito bem acolhidos na fazenda de Belizário.

Mais tarde, o fazendeiro chamou Tonho a um canto e perguntou:

— Sabe por que os estou acolhendo?

— Não, senhor!

— Estamos iniciando uma grande colheita de café e, se vocês quiserem, podem ficar uns tempos por aqui e me ajudarem na empreitada. Depois da colheita, eu lhes pago e vocês seguem em frente com um dinheirinho no bolso.

— Não carece pagamento, seu Belizário. Basta dar casa e comida...

— O senhor não é negro, seu Tonho. Sua patroa e seus filhos também são brancos. Que história é essa de trabalhar de graça?

— A questão é que a gente está acostumado a viver na dureza...

— Pois, isso vai mudar, seu Tonho. O senhor aceita ou não?

— De todo o meu coração, seu Belizário. Que Deus o abençoe pela ajuda que está dando pra nós!

— Amém. Então está combinado. Acomodem-se por aí e fiquem à vontade. Ah, tem outra coisa, a menina o senhor não precisa levar para a roça, não. Deixe-a ficar com as negras da casa. Ela vai me ser mais útil na cozinha.

— Do jeito que o senhor achar melhor, patrão.

A família de Tonho foi instalada num pequeno rancho, próximo à casa grande. No dia seguinte, Tonho, Rita e o Marinho passaram a trabalhar na colheita de café. Elisa, auxiliando na cozinha, recebeu especial atenção do fazendeiro.

Em sua ingenuidade, vendo em Belizário um bom anfitrião, a menina retribuía as suas gentilezas com muita amabilidade. Sorria timidamente para ele e agia com naturalidade quando o velho segurava em sua mão ou acariciava-lhe a maçã do rosto. Tal comportamento foi o suficiente para que ele a considerasse um bom partido para suas novas núpcias e tomasse uma decisão irrevogável.

Algum tempo depois, o fazendeiro chamou o pai de Elisa para uma conversa reservada.

— Seu Tonho, temos um assunto muito sério para conversar.

— Do que se trata, seu Belizário? Fizemos alguma coisa errada?

— De jeito nenhum! O senhor e sua família deram um grande exemplo de comportamento e dedicação ao trabalho.

— Do que se trata, então?

— A colheita já está terminando e eu não vou mais precisar de vocês.

— Está nos mandando embora, seu Belizário?

— Estou. Mas não vou deixá-los partir na mesma miséria que aqui chegaram. Se entrarmos num acordo, o senhor será muito bem recompensado.

— De que modo, patrão?

— Quero que o senhor deixe a sua filha aqui.

— Elisa?

— Que eu saiba é a sua única filha, não é?

— É.

— E então?

— O senhor gostou tanto assim do trabalho dela? – perguntou o sertanejo, com visível ingenuidade.

Belizário suspirou fundo, numa demonstração de impaciência. Tirou um enorme canivete do bolso da calça e principiou a picar fumo.

— Seu Tonho, não seja tão ingênuo e não se faça de desentendido.

A suspeita de uma inquietante realidade sobressaltou o coração do pai de Elisa, que começou a bater em descompasso.

— Sou um homem solitário – continuou o fazendeiro. — Estou viúvo há um bom tempo.

Tonho torcia para estar errado em sua desconfiança, mas o desfecho da conversa não deixava dúvidas e era muito mais uma imposição do que um simples e amigável pedido.

— Quero Elisa como minha esposa – sentenciou Belizário.

Um misto de raiva e indignação envolveu Tonho completamente. Teve ímpetos de agredir Belizário. Muito a custo conseguiu engolir a ofensa e responder com forçada serenidade na voz.

— Seu Belizário, ela é muito nova! Quase uma criança ainda...

— O senhor quer dizer que eu sou muito velho? – perguntou o fazendeiro com voz ameaçadora, agitando propositadamente no ar o enorme canivete.

— Não! Deus me livre lhe ofender! O senhor nos ajudou muito. Mostrou que é uma pessoa de bem. Só Deus pra lhe recompensar do que fez por nós...

— Amém.

— Mas, acontece...

— Acontece o quê, seu Tonho? Desembucha logo, homem!

— Acontece que eu não sei se a Elisa vai querer ficar aqui. Ela não é tão santinha quanto parece. É uma menina tinhosa, patrão. Só faz o que quer fazer.

— É por isso que estou fazendo a proposta ao senhor e não a ela. Um pai tem a obrigação de saber o que é melhor para os seus filhos. Que futuro essa menina vai ter, andando por aí, nessas estradas, feito uma mendiga molambenta? Vai morrer de fome? Vai virar mulher de vida fácil? Estou oferecendo a ela a oportunidade de ser alguém. Aqui ela vai se fartar de comer do bom e do melhor. Vai ter vida de princesa, seu Tonho! Ninguém vai dar isso a ela a não ser eu.

— Tem coisa que não depende da gente, seu Belizário...

— Depende sim. Além disso, o senhor não estará ajudando só a Elisa, mas a sua família toda, porque o dinheiro que eu vou lhe dar, vai servir para melhorar a vida dos outros também.

Belizário tirou do bolso uma boa quantia.

— Olhe quanto dinheiro, homem! Vai fazer o quê, seu Tonho? Vai pegar ou vai largar?

Tonho olhou com incredulidade para o maço de notas que Belizário exibia, com um riso sarcástico nos lábios. De propósito, o fazendeiro sustinha na mão esquerda o dinheiro e na direita, de modo bastante ameaçador, a arma com que preparava o cigarro. O recado estava claríssimo.

Clemente também estava estrategicamente próximo, posicionado bem atrás de Tonho, esgaravatando as unhas com um punhal muito afiado. Não havia dúvida de que uma recusa naquele momento produziria um desfecho trágico.

Tonho baixou a cabeça, fitou o chão por uns instantes e, quando voltou a encarar o fazendeiro, relutava para conter as lágrimas de indignação que insistiam em aflorar de seus olhos.

— Carece dinheiro não, seu moço. Se não tenho escolha e se o único modo de evitar uma tragédia maior é deixando aí a minha Elisa, eu deixo. Mas, não vou lhe vender minha filha.

O fazendeiro grunhiu de raiva.

— Miserável! Eu, tentando lhe ajudar e você me desfeiteando.

Puxou Tonho pelo colarinho, Clemente aproximou-se por trás e prendeu-lhe os dois braços com força. Belizário enfiou o maço de notas no bolso da calça do matuto.

— Se, por acaso, me desfeitear e não levar o dinheiro, você e sua família vão sofrer as consequências, seu maldito.

E o homenzinho, com o coração apertado e lágrimas escorrendo pelo rosto magro, convenceu-se de que não havia alternativa. Se recusasse a proposta, com toda certeza não sairia vivo dali e, pior, colocaria em risco a vida de toda a sua família.

Tão logo se viu livre dos braços musculosos do jagunço, afastou-se, mas voltou a ouvir a voz ameaçadora de Belizário soar ruidosa feito um trovão às suas costas:

— Amanhã, quando o sol nascer, não quero mais lhe ver em minhas terras, ouviu? E nem pense em levar Elisa, senão eu vou atrás e acabo com vocês.

13

Abandono

"Poderá o homem usar e abusar de seus haveres durante a vida, sem ter de prestar contas?"
(E.S.E – Cap. XVI; item 10)

Elisa acordou e verificou que estava sozinha no aposento onde dormia com a família. Julgou que tivessem ido para a roça e, inicialmente, não se preocupou. Levantou-se, atravessou o enorme terreiro e dirigiu-se para a cozinha, onde as escravas já estavam trabalhando.

Bem mais tarde é que foi informada de que havia sido abandonada pelos parentes.

— Por que, seu Belizário? Por que meus pais e meu irmão foram embora sem mim? – perguntou, angustiada, fitando o fazendeiro com incredulidade, os olhinhos vermelhos de tanto chorar.

— Seu pai não queria mais continuar lhe arrastando pelas estradas, naquela vida miserável, sem perspectiva de melhoras, minha pequena! Ele me pediu para cuidar de você, para lhe amparar...

— Mas eu nunca reclamei de nada. Só queria estar junto da minha família. Não importa o que eu tenha que passar. Por favor, seu Belizário, leve-me ao encontro deles!

— Não é tão simples assim, minha menina.

— Por quê? Eles não podem estar muito longe. Foram a pé. Dá tempo de alcançá-los.

— Não se trata disso, Elisa.

— O que é então?

— Melhor não dizer.

— Pelo amor de Deus, seu Belizário! Não me deixe nesse desespero. Diga o que aconteceu, por favor!

— Está bem. Mas eu acho que você não vai gostar muito de saber a verdade.

— Não importa o que seja. Conte-me, pelo amor de Deus! O que aconteceu, afinal?

— Está bem. Já que você faz tanta questão de saber, eu vou lhe contar. Seu pai me procurou ontem à noite. Disse que queria ir embora e me propôs ficar com você em troca de uma certa quantia em dinheiro.

— O quê? Meu pai me vendeu para o senhor?

— Na verdade, ele tentou vendê-la, mas eu não aceitei. Aliás, fiquei tão revoltado com a proposta indecorosa, que pedi a ele que fosse embora o mais brevemente possível. Eu não poderia ter em minha propriedade um homem tão inescrupuloso que chega a vender a própria filha. Eu jamais poderia confiar numa pessoa assim.

— O senhor o mandou embora?

— Sim. Mas, sensibilizado, procurei entender o desespero dele e lhe dei uma boa quantia em dinheiro. Apenas não imaginei que ele fosse deixar de levá-la junto.

— Mas ele não me levou...

— Parece que interpretou mal a minha atitude, achando que o dinheiro que eu estava dando a ele era para comprá-la. Infelizmente, seu pai confirmou não ser um homem de confiança mesmo, pois partiu às escondidas e ainda deixou você para trás, mesmo contra a minha vontade. Sorte a dele não ser um dos meus escravos, porque, a esta hora, já teria sido capturado e estaria no tronco, pagando pela ousadia de me desafiar.

— O senhor tem certeza do que está dizendo, seu Belizário? – perguntou a menina com voz sumida, duvidando do que acabara de ouvir.

A pergunta, embora feita num tom de voz submisso e suplicante, irritou o fazendeiro que a segurou pelos ombros, aproximou-a e mirou com gravidade nos olhinhos tristes dela.

— O que há, menina? Por acaso está me chamando de mentiroso? A prova não está aí? Onde está sua família? Não foi todo mundo embora? Não lhe abandonaram?

A resposta foi bastante ríspida e impiedosa. Elisa quedou assustada.

— Desculpe, seu Belizário, mas é impossível acreditar que meu pai tenha feito uma coisa dessas comigo. Eu o amo muito. Não sei como vou viver sem minha família. Eles eram tudo o que eu tinha na vida...

— Pois, agora você tem muito mais do que a miséria que poderiam lhe oferecer. Deixe de choramingar. Eles não merecem as suas lágrimas, já que tomaram a decisão de lhe abandonar. Olhe à sua volta. Veja que bela fazenda nós temos aqui. Quanta riqueza! Isto, agora, é seu também, pois eu vou cuidar de você. Vou ampará-la, minha pequena! Vou fazer por você o que a sua família não quis. Não se preocupe com nada. A partir de hoje, você nem precisa mais trabalhar. Vou lhe dar uma vida de princesa, ouviu?

E a abraçou com o fingido desprendimento de um pai amoroso, disfarçando ao máximo os seus infaustos propósitos.

O destino de Elisa estava traçado e passou a depender exclusivamente das vontades de seu senhor. Andou um bom tempo amuada, chorando pelos cantos da casa, inconformada com o abandono.

O fazendeiro deixou passar aquela fase mais crítica, porém não tardou muito para que a pequena fosse levada, não sem relutância, ao seu leito de viúvo. Sem qualquer possibilidade de escapar do triste fardo a que fora submetida, acabou se tornando sua mulher.

Inicialmente, a moça se sentiu muito mal. Teve nojo daquele velho que fedia a tabaco e que a submetia às suas desenfreadas concupiscências. No entanto, com o passar do tempo, foi se acostumando àquela rotina e acabou achando tudo muito natural.

Na verdade, o sentimento de mágoa contra o pai, cultivado em seu coração devido às infames mentiras inventadas por Belizário, a fazia agir assim. Afinal, ele não a vendera? Não a tratara como uma meretriz? Uma reles mercadoria que poderia ser adquirida por algumas míseras moedas? E Belizário não pagara por ela? Não possuía, portanto, o direito de fazer com ela o que bem desejasse?

Esses pensamentos de revolta criaram na personalidade de Elisa uma espécie de couraça forjada na decepção, causada pela suposta atitude do pai e a fez tornar-se bastante parecida com o próprio algoz, que agora a possuía. Os mimos que o dinheiro do fazendeiro podiam lhe proporcionar passaram a ser muito bem aceitos e as exigências da moça foram aumentando, à medida que lhe aumentava também a sagacidade e a malícia.

Aos poucos, uma Elisa egoísta, mimada e vaidosa foi substituindo a menina pobre e ingênua que acidentalmente fora parar um dia naqueles arredores. O pai mercenário, a mãe e o irmão indiferentes faziam parte do passado. Um passado triste e miserável que só merecia mesmo o esquecimento.

A condição de mulher de homem rico era uma merecida recompensa por todas as atribulações a que se submetera, pensava ela, cada vez mais convencida de que talvez tivesse sido melhor mesmo ter ficado ali.

Por outro lado, bastante satisfeito com a mudança comportamental da mulher, Belizário se banqueteava com tanta extravagância. Inicialmente, tendo ao seu lado uma menina chorosa e distante, chegou a arrepender-se de a haver adquirido. Achou que havia feito um mau negócio e, se houvessem meios, a teria devolvido à família. Com as mudanças que se operaram em Elisa, no entanto, o fazendeiro mudou de ideia e ficou muito satisfeito com a aquisição.

À medida que amadurecia fisicamente e se transmudava mentalmente, Elisa se tornava uma cálida amante, embora bastante interesseira. É claro que para tudo havia um preço, mas Belizário não se importava com isso. Cobria de mimos a sua amada e, naturalmente, recebia as devidas recompensas.

De uma coisa, entretanto, ele nem desconfiava. Elisa, motivada por um forte sentimento de vingança, por ter sido negociada, passou a agir com extrema baixeza. No íntimo, não engolira inteiramente a história contada pelo fazendeiro. Acreditava ter sido vendida pelo pai, mas cria, também, que o dinheiro dado a ele por Belizário fora mesmo com o intuito de adquiri-la e não pelos nobres propósitos alegados por ele.

Assim, Elisa andou o traindo, relacionando-se com alguns empregados da fazenda. Tornou-se uma mulher calculista e totalmente desprovida de sentimentos, com o intuito único de colocar em prática a lei do "olho por olho, dente por dente". Apenas para se vingar do seu proprietário.

O sonho de Belizário era que a jovem esposa lhe desse um herdeiro. Ela, porém, embora fingisse concordar, intimamente refutava essa possibilidade. Não suportava a ideia de ter o seu esbelto corpo deformado pelas consequências de uma gestação, apenas para satisfazer o desejo de um homem a quem simplesmente desprezava.

Para não correr o risco de arrumar uma gravidez indesejada, usava umas ervas contraceptivas que Zulmira, uma velha escrava mandingueira lhe fornecia às escondidas, em troca de pequenos favores.

Dessa forma, a mulher de Belizário levava seus dias, vivendo irresponsavelmente, desapegada de qualquer valor humanitário. Os acontecimentos que a vitimaram no passado forjaram a sua nova personalidade e nela não havia mais espaço para os nobres sentimentos que estabelecem a distinção moral entre os homens sensatos e os inconsequentes.

14

Geremias

"Ó estúpido amor-próprio, tola vaidade e louco orgulho, quando sereis substituídos pela caridade cristã, pelo amor ao próximo e pela humildade que o Cristo exemplificou e preceituou?"
(E.s.E – Cap. XII; item 13)

No passado, Belizário havia se relacionado com várias de suas escravas. No entanto, um dos envolvimentos mais duradouros e comprometedores ocorreu com Anastácia, uma jovem escrava muito bonita que chegou, por algum tempo, a incomodar-lhe o coração. Embora o fazendeiro julgasse essa hipótese bastante absurda, por se tratar de uma negra, andou apaixonado pela mulher e durante muito tempo se deitou com ela.

Quando Anastácia apareceu grávida, Belizário ordenou que ela abortasse, pois não admitia a possibilidade de ter um filho bastardo e que certamente nasceria com a pele escura. No entanto, a escrava garantiu que o filho não era dele, mas sim de um negro chamado Firmino, com quem, segundo ela, vinha se relacionando há tempos.

Enciumado, ferido em seu orgulho por saber que dividia a mesma mulher com um negro, mas tranquilizado pela informação, Belizário a deixou em paz. Logo após, vendeu o suposto rival e o mandou para uma fazenda bem distante.

Foi assim que nasceu Geremias. Um mulato de pele marrom, olhos claros e lábios finos. Era óbvio que Anastácia havia mentido apenas para não ter que matar o filho preconcebido.

Apesar da diferença da cor da pele, o menino possuía os mesmos traços fisionômicos do proprietário de sua mãe. Belizário fingiu não notar tais evidências, mas estava bastante orgulhoso. A ex-esposa, por motivos de doença, jamais havia engravidado. Ele não possuía herdeiros e, embora não lhe passasse pela cabeça legar a um negro a sua herança, reconhecendo-lhe a paternidade, sentiu-se mais homem após o nascimento da criança.

Geremias cresceu quase em liberdade. Em vez de habitar a senzala, juntamente com os outros negros, dividia uma minúscula cabana com sua mãe, num recanto isolado da fazenda, onde Belizário estrategicamente os instalou. Não precisou encarar as árduas tarefas da lavoura, cabendo-lhe tão somente os afazeres mais amenos e praticamente não sofria castigos.

Belizário, embora mantivesse uma cautelosa distância do filho bastardo, tratava-o e exigia que o tratassem com distinção e respeito. Todos conheciam a verdade, inclusive o próprio rapazinho, mas ninguém ousava fazer qualquer tipo de comentário sobre aquela embaraçosa situação.

O filho de Anastácia era dois anos mais velho que Elisa e não tardou muito para que, conduzidos pelos recíprocos arroubos de juventude, se sentissem atraídos um pelo outro.

Para ela, a presença do rapaz, que vira-e-mexe aproximava-se da casa grande, lançando-lhe olhares furtivos e maliciosos, era a única coisa que se salvava naquelas paragens tão marcadas pela violência contra os escravos e pela rispidez daqueles homens rudes e ignorantes.

Geremias era o único vivente naquele lugar que lhe inspirava algo além de luxúria, desprezo e despeito. Talvez por isso Elisa relutasse tanto em lhe dar atenção. O seu pesaroso coração, cristalizado pela decepção do passado, não cedia espaço para o privilégio de um relacionamento mais afetivo e o medo de sofrer ainda mais lhe vedava a capacidade de amar.

A mulher de Belizário sonhava com o rapaz, ansiava envolver-se com ele, mas um misto de medo e de aflição a fazia recuar sempre. Com Geremias não era diferente, também ele a desejava. Sentia uma atração quase incontrolável por Elisa, mas não se atrevia a passar dos furtivos olhares que sofregamente lançava para ela.

Tal procedimento causou muita preocupação em Anastácia. Com seu coração de mãe aflita, notou que os jovens estavam apaixonados e temeu pelo pior. Belizário jamais perdoaria tamanha traição. Por isso, a escrava passou a aconselhar o filho para que este deixasse em paz a mulher de seu dono. No entanto, possuidor de uma natureza bastante determinada, quanto mais era aconselhado, mais vontade o moço tinha de se aproximar de Elisa.

E o inevitável primeiro encontro acabou de fato acontecendo. Ocorreu durante uma prolongada ausência de Belizário na fazenda, devido a uma das muitas viagens que ele periodicamente era obrigado a fazer para tratar de negócios. Os dois jovens se atiraram nos braços um do outro e se entregaram a uma tórrida paixão que quase os levou à loucura.

A partir daquele dia, não mais conseguiram se controlar. Viviam inventando meios de se encontrarem a qualquer hora do dia ou da noite; em qualquer canto da fazenda, na casa de um ou do outro; no meio do mato; no leito do rio... Enfim, qualquer lugar servia e qualquer tempo disponível, por mais exíguo que fosse, era suficiente para estarem juntos.

A invigilância provocada pela cegueira de uma paixão avassaladora e inconsequente, que na verdade tinha muito mais de lascívia do que de sentimentos nobres, tornou-se uma grande ameaça para ambos. Cegava-os, tirava-lhes a racionalidade e o risco de serem descobertos passou a ser encarado como um desafio prazeroso, que provocava mais excitação que medo.

Com o relacionamento que se desenrolou de forma tão efusiva e envolvente, Elisa abandonou a promiscuidade com que vinha agindo. Plenamente satisfeita com Geremias, não só deixou de corresponder aos flertes daqueles que a assediavam, como passou a tratá-los com despeito, ameaçando, inclusive, delatá-los para o marido.

Por outro lado, acabou esfriando, também, o relacionamento com Belizário. Fugindo-lhe aos carinhos, dispensando até mesmo os mimos oferecidos pelo fazendeiro e que tanto a haviam encantado. Pela primeira vez na vida, desejou pertencer a apenas um homem. Se pudesse, passaria uma borracha e apagaria todas as máculas do seu passado, entregando-se tão unicamente àquela proibida, porém, prazerosa aventura.

Todos perceberam a mudança no comportamento daquela mulher, cujos sentimentos alguns homens julgavam exclusivos para si.

Estabelecida a dura realidade, uma onda de ciúme se alastrou entre os que a desejavam e que não contavam mais com o mínimo de sua atenção. Olhos atentos passaram a espreitá-la e não tardou muito para que o casal de jovens fosse flagrado num momento bastante inoportuno, por um Belizário ensandecido e vingativo.

Elisa e Geremias foram conduzidos ao grande terreiro e amarrados ao tronco, onde passaram a ser humilhados e chicoteados durante horas.

Bastante ferida, a mulher esteve muito perto de morrer. Embora revoltado, fustigado pela dor da traição, Belizário acabou se compadecendo e ordenou que Elisa fosse recolhida e tratada por Zulmira.

Geremias permaneceu no tronco por vários dias, apesar dos constantes, porém, infrutíferos apelos de Anastácia para que Belizário tivesse compaixão do seu menino.

Elisa ainda se encontrava acamada quando o marido a procurou.

— Você é uma mulher muito ingrata – disse ele. — Eu deveria tê-la matado.

— Perdoe-me! – implorou uma Elisa chorosa e aparentemente arrependida.

— Estive pensando muito sobre o que aconteceu e decidi que não vou acabar com a vida de vocês. Vou libertar aquele negrinho imprestável e quero que vocês desapareçam da minha frente. Vão para onde quiserem, mas nunca mais apareçam por aqui.

A atitude de Belizário pegou Elisa de surpresa. Uma surpresa bastante desagradável, por sinal. Na verdade, ela estava mesmo arrependida de ter se deixado flagrar daquela maneira. Mas, o arrependimento começava e terminava aí. A ideia de ser enxotada da fazenda, de ganhar o mundo na companhia de um joão-ninguém e voltar a enfrentar os percalços encarados na infância, era-lhe inadmissível. Acostumara-se à boa vida e, por mais envolvida que estivesse com o filho de Anastácia, sabia não possuir firmeza de caráter suficiente para manter acesa a chama de um sentimento que lhe exigiria tamanha renúncia. Por mais que o desejasse, terminaria, muito cedo, por odiá-lo, acusando-o de ser o responsável pela perda das regalias que ela havia conquistado junto ao marido.

— Eu não quero ir embora. Por favor, não me mande embora, eu lhe imploro! Perdoe-me! Eu estou muito envergonhada e arrependida – choramingou Elisa, inserindo à voz um tom dramático e infantil.

— Seu arrependimento é verdadeiro? – questionou Belizário.

— Claro! Juro por Deus, meu querido! Eu não sei o que deu em mim. Fui seduzida por ele. Deixeime levar, mas não deveria ter feito. Você não merecia. Perdoe-me, por favor!

As lágrimas da mulher, a sua aparência submissa e fragilizada, mas principalmente a necessidade que Belizário tinha de possuí-la o levou a reconsiderar a decisão. Mas, perdoar-lhe a traição significava uma coisa: o rival não poderia sobreviver, pois dessa forma, estaria representando uma séria ameaça para o futuro. Um fantasma a assombrar-lhe pelo resto da vida. Um eterno motivo de deboche e de desconfianças.

— Tudo bem! – disse Belizário. — Eu vou lhe dar uma nova chance, mas vou acabar com a vida daquele negrinho miserável.

— Por quê? – perguntou Elisa, como se já não soubesse a resposta.

— Ora! Você ainda me pergunta por quê? Você não acabou de me dizer que foi seduzida por ele? Quer que ele fique vivo para lhe seduzir de novo? – gritou o fazendeiro, socando os móveis.

— Por que você simplesmente não o manda embora?

— Porque não! Porque ele pode voltar um dia e tirá-la de mim. Vou mandá-lo para o inferno, porque de lá eu sei que ele não volta mais. Você faz muita questão de que ele continue vivo? – desafiou o marido, fitando-a com os olhos rubros de ódio e ciúme.

— Não! De jeito nenhum!

— Então, o que é? Por que insiste tanto em defendê-lo?

— Está bem, meu querido. Faça como achar melhor. Apenas me perdoe e tenha certeza de que eu nunca mais farei outra besteira na vida.

Elisa sabia que não havia remédio. Se continuasse a pedir pela vida do rapaz, despertaria, cada vez mais, o ciúme de Belizário. Pensou somente em si, no seu bem-estar, na vida confortável que vinha tendo antes daquele episódio e do desconforto que se lhe abateu após a aventura com Geremias. O egoísmo falou mais alto.

Belizário levantou-se decidido. Olhou com gravidade para a mulher.

— O que vai acontecer agora, dona Elisa, é por sua conta, ouviu?

Ela abanou a cabeça, afirmativamente, encorajando-o a levar adiante o sinistro.

Clemente e Belizário levaram Geremias para um lugar distante, no meio da mata. Amarrado a uma árvore, o rapaz foi cruelmente torturado pelo próprio pai e, após muito sofrimento, abatido com uma facada no coração.

Belizário voltou para casa sentindo-se leve e feliz. A vingança tinha para ele um sabor todo especial. O corpo do rapaz não foi sequer enterrado. Durante dias, serviu de repasto para os animais carniceiros.

A vida de Elisa e Belizário voltou à normalidade e, salvo o olhar acusador de Anastácia, nada mais ali fazia lembrar Geremias e a estupidez de seu horrível desencarne.

15

O professor

"Amigos, lembrai-vos deste preceito: 'Amai-vos uns aos outros' e, então, a um golpe desferido pelo ódio respondereis com um sorriso e ao ultraje com o perdão."
(E.s.E – Cap. XII; item 11)

Não houve necessidade alguma de que Augusto dissesse a Beatriz que ela e Elisa eram a mesma pessoa. Beatriz acompanhou o percurso da vida de todos os personagens apresentados na tela mental, mas com Elisa foi diferente. Ela não apenas viu os seus passos, mas os viveu, ou melhor, reviveu-os.

Foi como se a gaveta de um antigo arquivo estivesse sendo aberta e ela já soubesse, de antemão, tudo o que havia em seu interior. Cada gesto, cada palavra, cada pensamento de Elisa chegavam ao seu conhecimento antes que ocorressem e todos os sentimentos vividos por ela renasceram no interior de Beatriz, como novos brotos ressurgindo no tronco de uma antiga árvore tombada.

Cada lágrima que Elisa derramava parecia brotar do âmago mais profundo da própria Beatriz. Ela precisou travar uma grande batalha consigo mesma, para não se entregar aos sentimentos negativos que a mulher de Belizário – ao mesmo tempo vítima e algoz de tanta inconsequência – cultivou dentro de si no decorrer de sua vida. Na verdade, tudo o que estava em Elisa estava, de certa forma, em Beatriz também.

Por mais preparada que se julgasse para enfrentar os erros do passado, foi para ela um tremendo choque reconhecer-se em Elisa.

Augusto percebeu o abalo da amiga e a abraçou carinhosamente, envolvendo-a com fluidos revigorantes.

— Meu Deus! Como é que eu pude ser tão inconsequente? – perguntou ela.

— Não se preocupe, nem se envergonhe de nada – disse Augusto, com voz suave. — De modo geral, o nosso passado é repleto de vilanias mesmo. Afinal, todos nós somos seres ainda em estágio de evolução.

— E meus pais? Ou melhor, os pais e o irmão de Elisa? Por que não me foi mostrado o que aconteceu a eles?

— Bia, de nossas vidas pretéritas, Deus permite que nos seja mostrado aquilo que diretamente está ligado às nossas mazelas. É a partir daí que nós vamos buscar os meios de nos corrigirmos. Certos detalhes são totalmente dispensáveis, pois já não fazem parte do nosso presente. São etapas que já foram cumpridas e que estão superadas.

— Mas o que aconteceu a eles? Eu posso saber?

— Claro que pode! Eu vou lhe contar tudo.

E Augusto começou a narrativa:

Quando Tonho contou a Rita sobre a conversa que tivera com Belizário, a pobre mulher teve uma crise de choro e disse que não abandonaria a filha à própria sorte.

— Não tem jeito – disse-lhe o marido. — Se a gente tentar levar a Elisa, ele nos mata e acaba ficando com ela de qualquer jeito.

— Podemos sair escondidos...

— Não podemos. Tem jagunço vigiando a gente. Vamos ter que ir embora de madrugada.

— O que faremos, meu Deus?

— Não tem outro jeito, Rita. Vamos embora só com o Marinho. Vamos pedir ajuda a alguém e depois a gente volta pra buscar a Elisa.

E assim, Tonho deixou a fazenda de Belizário, inconformado. Rita e Marinho, também revoltados, choravam o tempo todo. O plano do pai de Elisa era procurar ajuda na primeira cidade que encontrassem e voltar para resgatá-la. Mas caminharam muitos dias, sob sol e chuva e não lograram qualquer possibilidade de ajuda.

À medida que os dias passavam, Tonho foi se tornando desanimado e doente. Seus passos foram ficando demasiado lentos para a caminhada e uma dor aguda começou a incomodar-lhe as costas.

Um dia em que o sol estava muito forte, chamou a mulher e o filho para descansarem à sombra de umas árvores, à beira do caminho. E ali mesmo acabou desencarnando, sem que os dois percebessem.

Achando que o marido estivesse dormindo, Rita o chamou, horas mais tarde, para seguirem adiante e notou que ele estava morto.

Mãe e filho choraram muito, mas não havia mais nada a ser feito. A noite logo chegaria e eles tinham que seguir adiante. Estavam no meio do nada, cercados apenas por mato e bichos. Nenhum sinal de vida humana havia em qualquer direção que olhassem. Nenhum casebre, nenhuma fumaça denunciando uma chaminé, nenhum som de voz humana; apenas pássaros e animais se faziam ouvir.

Sem terem como enterrar o corpo, já que não dispunham de ferramentas, cobriram-no com pedras, fincaram no chão uma pequena cruz improvisada pelo menino, ajoelharam-se, rezaram pela alma do falecido e seguiram em frente, abraçados e tristes, amparando-se mutuamente. Mãe e filho, choravam, agora, a perda de dois entes queridos.

Após meses de caminhada e muito suor e lágrima derramados pelo caminho, Marinho e Rita voltaram à Bahia. Com o dinheiro de Belizário, compraram uma casinha numa pequena cidade e ali se instalaram. Convencida de que a situação de Elisa era irreversível, e sentindo-se impotente diante do ocorrido, Rita nunca mais considerou a possibilidade de resgatá-la.

Depois daqueles tristes acontecimentos, nunca mais teve boa saúde e morreu bem idosa, esclerosada, chamando pela menina. O filho jamais a abandonou.

Marinho tinha duas excelentes virtudes: uma fé inabalável em Deus e uma enorme vontade de progredir. Na cidade em que passou a morar com a mãe, havia uma pequena marcenaria, onde o menino ia buscar pedaços de madeira e pó de serragem para o fogão à lenha.

Acabou fazendo amizade com o proprietário da oficina. Seu Emílio se afeiçoou ao menino educado e tímido que todas as tardes, após pedir permissão, vasculhava o entulho da marcenaria, catando os pedaços de madeira que não mais prestavam.

Um dia, o marceneiro o chamou.

— Como é seu nome, menino?

— Me chamam Marinho.

— Quem é seu pai?

— O senhor não conhece. Ele já morreu. Vivo só com minha mãe.

— E vivem do quê?

— Da caridade dos outros.

— Caridade? Mas você é um rapazinho forte, inteligente... Por que não trabalha?

— Quando arrumo serviço, eu faço. Mas, na minha idade, é difícil arranjar o que fazer.

— Quantos anos você tem?

— Onze. As pessoas me acham muito velho para brincar e muito novo para trabalhar.

Seu Emílio não conseguiu evitar uma estrondosa gargalhada, percebendo o espírito perspicaz daquele menino, por quem ele sentia um carinho todo especial. Uma simpatia, aparentemente gratuita, revelava naquela relação um reencontro de almas afins.

— Você é muito sacudido, Marinho. Quer trabalhar comigo?

— Sério?

— Sério!

De tão empolgado, o rapazinho nem respondeu. Saiu em desabalada carreira para contar a novidade à sua mãe.

No dia seguinte, quando o marceneiro foi abrir a oficina, às sete horas da manhã, o pequeno já estava acocorado à porta, esperando-o.

— Bom dia, seu Emílio! Vamos trabalhar?

Marinho aprendeu muito rápido aquele ofício e aos quinze anos já era capaz de fazer, com igual ou melhor perfeição que seu Emílio, todos os trabalhos de marcenaria que este lhe ensinara.

Satisfeito com o desempenho e com o excelente comportamento do menino, o patrão procurava ajudá-lo de todas as formas possíveis. Um dia perguntou-lhe:

— Marinho, você gostaria de aprender a ler?

— Eu adoraria, seu Emílio, mas infelizmente não dispomos de recursos.

— Então, vamos dar um jeito nisso.

E o marceneiro levou Marinho para casa, onde o menino foi apresentado à sua esposa, à sua filha e a um senhor bastante idoso chamado Ludovico.

Poucos anos mais velha que Marinho, a filha única de seu Emílio e de dona Terezinha era paralítica, devido a um problema de nascença. Ela tomava lições em casa com o professor Ludovico.

O velho professor, em sua juventude, havia estudado para ser padre, mas na última hora desistira do santo ofício e passara a lecionar para os filhos de famílias nobres da Corte, junto às quais desfrutava de bastante consideração. Mas, uma atitude dele, considerada imperdoável por boa parcela da aristocracia daquela época, acabou mudando radicalmente essa condição. Acontece que Ludovico, movido pelos bons instintos de sua natureza justa, passou a declarar-se contrário à escravização dos negros.

Ora, praticamente todas as famílias nobres e ricas dependiam economicamente da mão de obra escrava. Por isso, não tardou para que o professor, com suas ideias antiescravistas fosse alijado do convívio com a nobreza e passasse a ter uma vida nômade e bastante sacrificada.

Viajou muito e acabou chegando àquela cidadezinha sossegada, no interior da Bahia. Ali, travou amizade com seu Emílio e, em troca de comida e de um pequeno soldo, passou a lecionar para a filha do marceneiro. Marinho pegou carona nas aulas da menina e, com sua incrível capacidade de aprendizado, em pouco tempo estava alfabetizado.

Passou a ler todos os livros que lhe caíam nas mãos. Mas, o que lhe prendia mesmo a atenção eram os evangelhos de uma Bíblia que o professor Ludovico lhe dera de presente. Marinho não só os leu, mas os decorou e, melhor ainda, começou a colocá-los em prática na sua própria vida. Tornou-se um rapaz equilibrado e caridoso. Estava certo de que a vida só teria sentido se fosse devotada aos ensinamentos de Jesus. Principalmente àquela máxima que Marinho sempre repetia: Ama a Deus sobre todas as coisas e ao próximo como a ti mesmo.

Um dia, conversando com seu Emílio, saiu-se com esta:

— Se a matemática e a gramática que aprendi, eu uso no meu dia a dia; por que então não teria que usar as coisas espirituais que aprendi?

E foi com esse pensamento que Marinho se entregou à prática da caridade. Tornou-se, apesar de suas ínfimas posses, um homem benevolente. Com recursos próprios, criou meios de se tornar uma espécie de professor voluntário.

— A capacidade de ler liberta o homem também da ignorância espiritual – dizia ele, repetindo a frase que aprendera com seu velho mestre.

E, embora o trabalho na marcenaria o ocupasse bastante, nas horas vagas, Marinho, tendo improvisado uma sala de aula no quintal, ensinava gratuitamente em sua casa, àqueles que nada sabiam. Alfabetizou muita gente com esse generoso trabalho e adquiriu muitas amizades e sinceras gratidões por conta disso.

Nunca se casou, pois temia casar-se com uma mulher que não compreendesse a sua dedicação à mãe. No entanto, criou um inquebrantável vínculo com a filha do patrão e também nunca a abandonou. Muitos pensavam que os dois fossem casados, tamanha a dedicação que Marinho dispensava à moça, mas tratava-se tão somente de uma união alicerçada no amor fraterno. Ela, em tudo dependia dele; ele a servia com o coração intumescido de afeto e generosidade.

Muitos anos mais tarde, quando seu Emílio, que já enviuvara há tempos, estava perto de desencarnar, pediu a Marinho que continuasse cuidando de sua filha, senão ela ficaria totalmente desamparada. Mas nem precisava ter pedido. O rapaz já a havia adotado há muito tempo. Com a pronta aceitação da enferma, após o desencarne de seu genitor, levou-a para a sua casa e dedicou a vida a cuidar também da amiga.

Rita estava fadada ao desequilíbrio mental. Com o passar dos anos, perdeu a capacidade de raciocínio, agindo de modo infantil. Passou a chamar o filho de pai, tomando-lhe a bênção e lhe pedindo que comprasse brinquedos para ela. Um dia, Marinho deu à mãe, de presente de aniversário, uma boneca de pano. Rita nunca mais largou o brinquedo e, anos mais tarde, quando desencarnou, o fez agarrada à boneca.

Com o passar dos anos, a lembrança de Elisa foi se desvanecendo, como uma velha fotografia descorada pelo tempo, mas nunca foi totalmente apagada da memória do irmão. Era uma sombra indelével que de vez em quando vinha turvar-lhe o semblante. Mas, algo em sua intimidade dava a ele a garantia de que voltaria a ver e a conviver com a irmã. E a sua ardente fé em Deus não lhe deixava dúvidas de que isso de fato aconteceria.

16

O compromisso

"É por isso que teremos de recomeçar, como se, a um credor que nos atormente, pagássemos uma cota e a tomássemos de novo por empréstimo."
(Œ.s.E – Cap. V; item 12)

Como Augusto silenciasse, após a narrativa sobre a vida de Marinho, Beatriz perguntou-lhe:

— E os dois irmãos se reencontraram mesmo?

— Sim. Mas, muitos anos depois.

— Eles viveram juntos?

— Viveram, mas não no plano material. Reencontraram-se após o desencarne de ambos. Marinho teve uma vida muito regrada e dedicada ao bem. Sua evolução espiritual estava mais adiantada do que a de Elisa e isso lhe permitiu uma condição melhor, quando aqui chegou. Retornou à pátria dos Espíritos aos 72 anos de idade, com bastante equilíbrio e tranquilidade.

— Elisa já estava aqui?

— Sim. Quando Marinho chegou, Elisa já havia desencarnado, mas estava totalmente desequilibrada, fugindo da cobrança de sua própria consciência, habitando regiões trevosas. Perdidos, também, estavam Belizário e Geremias. O rapaz nunca perdoou o pai pelas atrocidades cometidas contra ele. A relação entre ambos descambou para um ódio terrível que os mantinha diuturnamente ligados, perseguindo-se mutuamente. Suas vibrações eram péssimas e não se arrefeceram com o passar do tempo. Elisa também sofreu muito com essas más vibrações, pois, na verdade, os três estavam intimamente ligados por uma espécie de cordão umbilical que alimentava toda aquela carga negativa de ódio e mágoa. Era um triângulo funesto, alicerçado nos pilares da discórdia. Só havia uma coisa a ser feita: era imprescindível que houvesse uma reencarnação, onde os três pudessem se reencontrar e se reconciliar.

— E o que aconteceu?

— Marinho intercedeu por eles e conseguiu permissão para tentar conscientizá-los da necessidade desse reencontro. Após muitos anos de tentativa e de muita persistência do irmão de Elisa e de outras entidades devotadas à caridade, houve finalmente uma reunião, onde os três aceitaram a nova provação.

— Espere, Augusto! Estou começando a entender tudo. Se eu, enquanto Beatriz, era a reencarnação de Elisa, Fabrício é a reencarnação de Belizário e o nosso filho...

— Sim, minha querida! Infelizmente, o filho que vocês conceberam era a reencarnação de Geremias. Havia um acordo entre vocês. Belizário voltaria para a Terra na frente. Você, alguns anos após e, quando estivessem na idade certa, conceberiam Geremias. Independentemente das prováveis atitudes de revolta, provenientes da mágoa que Geremias levaria em seu subconsciente, você e Fabrício se comprometeram a dar a ele todo o amor que lhe foi negado na existência anterior. Era a grande oportunidade da reparação que vocês precisavam para se perdoarem e para serem perdoados por ele.

Beatriz não conseguiu mais segurar a emoção e começou a chorar. O quadro que se lhe apresentava à frente era desolador. Uma história incrível que só a convencia, por se tratar de sua própria vida. Não era uma história qualquer de ficção.

Augusto compreendeu os pensamentos dela.

— Não se cobre demais, minha querida! Evolução moral é processo lento, mesmo. Deus sabe disso e, no entanto, sempre nos dá uma nova oportunidade de reparação.

— Não me conformo, Augusto! Como pude ser tão fraca? Como fui esquecer o compromisso firmado diante de Deus? Por que não levei adiante a gravidez, mesmo tendo que enfrentar a ira de meu pai? Por que não ouvi as suas advertências para abandonar a ideia do suicídio?

Vendo-a tão impaciente, Augusto aplicou-lhe um passe confortador. Beatriz se sentiu um pouco zonza, mas recuperou a paz de espírito.

— Calma, minha querida! O remorso não é remédio para nada. Só vai lhe deixar ainda pior. Vamos para casa, você já viveu emoções demais por hoje.

Amparada pelo bondoso guia, a moça retornou para casa, onde Ivone a esperava de braços abertos, com aquele eterno sorriso. Vendo os olhos vermelhos e inchados da tutelada, compreendeu o rebuliço em seu interior e nada perguntou. Apenas abraçou-a e a conduziu para a cama.

— Durma um pouco, minha filha! Quando acordar você se sentirá bem melhor.

A partir daquele dia, as coisas foram se tornando mais claras para Beatriz. Ou ela recordava, por si mesma, certos detalhes apagados em sua memória, ou Augusto, cuidadosamente, ia lhe esclarecendo.

— A vida da gente se parece mesmo com um filme, não é? – comentou um dia com o amigo.

— Na verdade, os filmes é que se parecem com a vida da gente. Muitas histórias escritas por autores encarnados, embora pareçam ficção e eles as tenham como criações intelectuais, são experiências vivenciadas e ditadas a eles por escritores desencarnados.

— Quer dizer que alguém pode ditar a um escritor a minha história e ela se transformar num filme?

— Num livro seria mais lógico, e é claro que pode. Deus não nos impede de fazer nada. O livre-arbítrio é uma lei irrevogável. Nem os Espíritos inferiores, que vivem ludibriando os médiuns vaidosos, passando-lhes mensagens medíocres, equivocadas ou até mesmo destrutivas, são impedidos de o fazerem. É claro que responderão por aquilo que fizerem de errado. Agora, se a mensagem for construtiva, se servir de esclarecimento e se incentivar a evolução moral dos homens, será sempre muito bem aceita. Será um tijolinho a mais na imensa edificação da obra divina.

— Puxa, que bom ouvir isso, Augusto! Sabe, eu sempre gostei muito de ler. Na biblioteca do colégio, li vários romances. O que mais gostei foi de *O Pequeno Príncipe*.

Ao pronunciar a palavra príncipe, Beatriz sentiu um certo abalo, uma sensação ruim. Augusto notou e sorriu levemente.

— Quantas lembranças, não é, Bia?

— É. O meu "príncipe" não era tão nobre quanto eu pensava.

— Infelizmente é assim mesmo. É bem mais fácil decepcionarmos do que surpreendermos positivamente àqueles que nos querem bem. E isto não é privilégio de poucos não, viu? A decepção mútua, de modo geral, é que dita as regras de conduta da natureza humana, ainda tão distante dos projetos do Criador.

— Eu também tenho decepcionado a tanta gente! Principalmente a mim mesma... E a Deus. Não sinto mágoa por Fabrício, Augusto. Sinto pena dele, por ter sido, como eu, tão fraco. Por não ter conseguido levar adiante o seu compromisso. Como ele estará?

— Não está nada bem, Bia. O trauma provocado em Geremias, após a segunda rejeição pelo mesmo pai, agravou demais a situação e uma medida drástica teve que ser tomada, para evitar consequências muito mais danosas, tanto para Fabrício, quanto para Geremias.

— Como assim? O que aconteceu, afinal?

— De vocês três, quem mais rejeitou a ideia da reencarnação que os colocariam novamente juntos foi Geremias. Ele achava que não era o momento oportuno, já que alimentava ainda muita mágoa pelo pai. Quem mais se empenhou para que o projeto prosseguisse, foi o Belizário. Ele estava muito certo de que poderia superar as más tendências e conquistar o amor, não só do filho, mas também o seu. Concluiu que suas más inclinações estavam calcadas no egoísmo. Agora, teria a oportunidade de conquistar você e assim, fortalecidos pelos laços de um amor sincero, os dois juntos obteriam a sustentação necessária para a etapa mais complexa da missão, ou seja, conquistarem o amor de Geremias.

— Então, o meu encontro com Fabrício já estava programado...

— Sim. Os sonhos que você tinha com o seu "príncipe encantado", eram provenientes do compromisso firmado na espiritualidade. Intimamente, você sabia que ele iria aparecer a qualquer momento na sua vida e estava ansiosa por isso.

— Mas, ele não conseguiu vencer as suas más tendências...

— Pior. Voltou a cometer o mesmo erro da encarnação anterior, em relação a você. Usou-a apenas para sua própria satisfação. No fundo, gostava muito mais de você do que da Ângela, a colega de faculdade de quem estava noivo e com a qual veio a se casar mais tarde. Ele poderia tê-la assumido, mas estava mais preocupado com a sua carreira profissional e com a ascensão social que o futuro lhe reservava. Não se desprendeu o bastante dos valores materiais para valorizar, em primeiro plano, um sentimento que era puro e verdadeiro. Na concepção dele, você seria apenas um empecilho, já que, dentro dos projetos futuros do doutor Fabrício, Ângela se enquadrava muito melhor. Agindo assim, ele voltou a ter o mesmo comportamento do fazendeiro escravista que sempre priorizava os seus próprios anseios, sem se importar com os sentimentos alheios.

Beatriz estava boquiaberta, tentando encaixar as peças de mais aquele quebra-cabeças, quando Augusto interrompeu seus pensamentos.

— Já sei. Você deve estar se perguntando: Por que, então, eu não poderia estar no lugar da Ângela?

— É! Eu estava pensando nisso mesmo.

— A resposta é muito simples, Bia. Se você tivesse o mesmo padrão social de Fabrício e ele se casasse com você, onde estaria a prova da sua mudança de caráter? Se ele assumisse as consequências do ato cometido, se houvesse se preocupado com o destino do filho que vocês conceberam, se aceitasse o amor sincero e puro que você a ele dedicou e colocasse em segundo plano as suas aspirações pessoais, estaria dando provas de ter superado a má tendência do egoísmo e poderia partir para a segunda etapa da missão, ou seja, conquistar o amor de Geremias.

— Mas...

— Mas, infelizmente, o nosso querido irmão não passou nem no primeiro teste. E, digo-lhe com muita tristeza, isso é o que mais acontece com os Espíritos encarnados. As más tendências ficam arraigadas em nós como uma fuligem difícil de ser retirada. Enquanto desencarnados, nós vemos as nossas fraquezas, nos envergonhamos delas, nos arrependemos das faltas cometidas e prometemos que na próxima oportunidade vamos nos esforçar para vencê-las. Mas, uma vez encarnados, as tentações da matéria sempre falam mais alto e, invariavelmente, voltamos a ser vencidos pelos vícios.

— Será que nunca vamos melhorar?

— Na verdade, já estamos nos melhorando. À medida que os mundos material e espiritual se estreitam, por intermédio dos vínculos possibilitados pelos conhecimentos doutrinários, o homem vai se elevando. Aliás, quando as autoridades eclesiásticas deixaram de matar os médiuns nas fogueiras da Inquisição, na Idade Média, acusando-os de bruxaria, as coisas já começaram a mudar. Mas, é uma mudança lenta e gradual. Agora, está havendo uma maior aceleração neste processo. O espiritismo está sendo encarado com menos restrições e discriminação. A literatura espírita, uma vez libertada das intolerantes correntes que sempre tentaram manipular a crença das pessoas e usá-la em proveito próprio, tem conseguido conscientizar um número cada vez maior de encarnados, sobre a "grande verdade". Os livros de Allan Kardec foram os precursores desta difusão e, graças a Deus, são sementes que continuam caindo em solos férteis em todos os cantos do Planeta, germinando frutos, provocando um salto espetacular na evolução humana, rumo à sua própria libertação. É difícil haver, hoje em dia, uma família em cujo seio não haja pelo menos um membro que se identifique com a Doutrina dos Espíritos. Assim, mesmo enquanto encarnados, os homens já vão se conscientizando do que os aguarda do lado de cá e se preparam melhor para esse momento. Chegam aqui bem mais esclarecidos.

— Puxa, Augusto, é tão bom ouvir isso. Mas, por que você disse que uma medida drástica teve que ser tomada com relação ao Geremias? Onde está ele agora?

— Reencarnado.

— Como assim?

— Ele estava tão desequilibrado, tão disposto a perseguir e a infernizar a vida de Fabrício que, por graça divina, e para que a animosidade entre os dois não se expandisse tanto, foi concedido a ele e ao pai a oportunidade de estarem juntos ainda nesta encarnação. Às vezes, há a necessidade de uma certa urgência.

— Meu Deus! Como será o relacionamento entre os dois? Eles se odiarão.

— Deus é a inteligência suprema, minha querida! Não nos esqueçamos disso.

Beatriz baixou a cabeça constrangida. Realmente ela havia feito uma observação inadequada. Ora, se o objetivo era fazê-los se reconciliar...

— Geremias reencarnou como filho, ou melhor como filha de Fabrício e Ângela. Seu nome atual é Estela e a decisão de que ele deveria nascer como menina foi uma forma de sensibilizar um pouco mais o coração de Fabrício, pois, no seu inconsciente, enquanto Belizário, ele ainda nutre alguns resquícios de ciúme de Geremias. Este sentimento não terá razão de existir, em se tratando de uma menina.

— Faz sentido.

— Mas não é só isso...

— Não?

— A única forma de mantê-los juntos por alguns anos, sem que se destruam mutuamente...

Augusto abanou a cabeça. Seu silêncio deixou Beatriz ansiosa.

— Por favor, Augusto, fale.

— Nesta encarnação, Geremias estará preso a um corpo bastante deficiente. Ele terá uma vida quase vegetativa, Bia.

— Mas, desculpe Augusto, se vou fazer uma pergunta idiota. De que servirá uma encarnação dessas? Se ele está inconsciente, que mérito terão as suas ações ou a falta delas?

— Para ele, mérito quase nenhum. Mas para o Fabrício fará uma grande diferença. Se ele conseguir amar a Estela, cuidar dela, ampará-la e dar-lhe todo o carinho de que ela irá precisar, então os primeiros passos em direção à reconciliação dos dois estarão sendo dados. Por outro lado, Fabrício precisará se nutrir de muita paciência, de muita humildade e terá que abrir mão de muitos interesses pessoais para levar adiante essa nova e importante missão.

— Terá de vencer as suas más tendências...

— Perfeitamente! A única forma de ser um bom pai para Estela é deixando de ser egoísta.

— E se ele não conseguir?

— Voltaremos à estaca zero. Mas, por que vamos ser pessimistas, não é? Vamos acreditar no melhor e vibrar para que ele, finalmente, entenda e faça bom proveito da oportunidade que o Criador lhe dá.

— Queira Deus que sim! – suspirou Beatriz. — Posso saber mais sobre isso?

— Você pode saber, porque não se trata de mera curiosidade. Você está diretamente ligada a tudo isso e estará inserida numa próxima experiência, porque também tem dívidas a serem resgatadas com a pequena Estela, mas estará mesmo disposta a saber de tudo?

— Sim, por favor! Preciso saber de tudo, inclusive, se há alguma forma de ajudá-los.

— Está bem, Bia. Pedirei autorização para que você possa ter os devidos esclarecimentos, está bem? Assim que for permitido, eu lhe avisarei.

— Obrigada, Augusto! Que Deus o ajude!

A partir de então, Beatriz passou a viver esta nova expectativa.

17

Uma missão especial

"Os médiuns são os intérpretes dos Espíritos, suprem, nestes últimos, a falta de órgãos materiais pelos quais transmitem as suas instruções."
(E.s.E – Cap. XIX; item 10)

Houve uma manhã em que Augusto e Ivone pareceram, aos olhos de Beatriz, mais solícitos que o normal. Ela notou suas atitudes diferenciadas com preocupação, pois mil ideias negativas lhe passaram pela cabeça. Beatriz achava que, ou havia feito algo de errado, ou alguém de hierarquia superior poderia ter determinado que ela fosse enviada para outro lugar. Parecia-lhe haver um clima de despedida no ar e ela estava com muito medo de se separar daquele casal tão querido.

— Augusto, meu amigo, diga-me o que está acontecendo, por favor! – implorou a ele.

— Por que está preocupada?

— Notei, desde cedo, que você e Ivone estão tensos. Fiz algo de errado? Eu vou ter que ir embora daqui?

— Você é muito perceptiva, Bia. Realmente nós estamos preocupados, mas não se trata nem de uma coisa, nem de outra. Na verdade, trata-se de uma missão que você deverá cumprir.

— Uma missão?

— É claro que você só fará, se estiver preparada.

— Vou ter que ir embora daqui? Deixar vocês?

— Não. Pelo menos por enquanto, não. Mas vai chegar o momento em que você terá que ir. Precisa estudar, preparar-se para a sua nova encarnação, trabalhar em favor dos necessitados. Afinal, minha querida, no plano espiritual há ainda mais trabalho a ser feito do que no plano material.

— É. Isso eu já percebi.

— Mas, de qualquer modo, você só terá que partir quando chegar a hora certa e esse momento é você quem determina.

— Eu?

— Sim. Chegará um momento em que você vai começar a se sentir entediada por aqui. Quererá conhecer novos horizontes, buscar novos conhecimentos, juntar-se a pessoas afins, trabalhar na imensa seara de Jesus Cristo em prol dos necessitados...

— É verdade. Eu sinto que preciso fazer alguma coisa. Não posso ficar parada no tempo, senão acabo enferrujando.

Augusto achou graça da maneira como ela falou.

— Enferrujando! É isso mesmo. Ninguém deve ficar parado no tempo, havendo tanto trabalho a ser feito, tanto irmão necessitando de ajuda. Mais do que enferrujar, quem cruza os braços diante da seara universal e não cultiva o seu horto, mais tarde não terá fruto algum para colher.

— Gostei da metáfora, Augusto. Mas você ainda não me falou da tal missão.

— Você ainda não me deu chance de falar, Bia.

— É verdade. Estou faladeira hoje, não é?

Augusto riu, acariciando o rosto da amiga com o dorso da mão.

— Talvez não seja uma tarefa muito fácil e, como eu disse, você só deverá fazer, se estiver realmente preparada.

— Estou ficando curiosa, Augusto. Afinal, do que se trata?

— Lembra-se daquelas pessoas que lhe evocaram, quando você estava no Umbral?

— Claro que sim. Como poderia esquecê-las? Foram tão caridosas comigo.

— São trabalhadores de um Centro Espírita que seus pais têm frequentado assiduamente. Seu Fagundes e dona Júlia abraçaram a Doutrina e têm procurado seguir à risca os preceitos do Evangelho.

— Oh, meu Deus! Que boa notícia, Augusto! – exclamou Beatriz com muita emoção.

— Sua presença tem sido solicitada nos trabalhos mediúnicos ali realizados. Seus pais pedem incessantemente uma manifestação sua, não somente para aumentar-lhes ainda mais a fé, mas também, para acalmar-lhes os corações dilacerados por sua ausência material e pela tristeza de sua comunicação no momento do resgate. Houve uma permissão das esferas superiores para que você se manifeste e dê testemunho da sua atual condição.

— Que bom, Augusto! É claro que eu estou pronta para fazer isso, sim. Com muito prazer...

— Um momento, Bia. Deixe-me esclarecer alguns detalhes. Uma sessão mediúnica é sempre uma porta aberta para a espiritualidade. Infelizmente, tanto para aqueles que se encontram em equilíbrio, quanto para aqueles que se acham perdidos. Qualquer um pode se manifestar nesses trabalhos...

— Mas, não é necessária uma permissão especial da esfera superior?

— Para os Espíritos em equilíbrio, sim. Mas, os que se encontram perdidos, vivem à margem da lei. Não dão a mínima importância para os valores éticos e, geralmente, agem por conta própria. É claro que num trabalho sério, onde predomine o amor e a caridade, existem os Espíritos guardiões que protegem o ambiente e não permitem a aproximação dessas entidades maldosas. Mas, se o trabalho não for sério e desprovido de interesses mesquinhos, não conta com o amparo da espiritualidade superior e torna-se um celeiro de maldades e de embustes que, invariavelmente, se volta contra os próprios médiuns.

— Mas, por que você está me dizendo isso? Por acaso o trabalho realizado no Centro que meus pais frequentam não é sério?

— Não se trata disso, Bia. A equipe mediúnica daquela Casa é totalmente comprometida com os nobres valores ensinados por Jesus Cristo. Eles têm auxiliado muito o plano espiritual a socorrer os desencarnados que se encontram perdidos nas trevas...

— Como eu?

— Sim. Como aconteceu com você. Eu só estou lhe passando essas informações para você ter uma noção do que acontece nesses trabalhos e da importância de se estar com a mente livre de maus pensamentos e o coração transbordando de amor fraterno. Um trabalho desses não pode servir nunca para alimentar vaidades e, muito menos, para que se obtenha qualquer tipo de vantagem pessoal. Os Espíritos elevados jamais se prestariam a uma irresponsabilidade dessas.

— Naturalmente, não iriam se comprometer...

— Exato. Mas tem um outro detalhe ao qual deverá estar muito atenta. Você estará muito próxima de seus pais e é natural que a emoção deste encontro seja bastante forte. É necessário, portanto, ter muito cuidado para não se entregar a sentimentalismos desenfreados que podem comprometer o seu próprio equilíbrio. Encare-os como dois seres muito queridos, mas apenas os ame. Não se envolva demasiadamente em suas emoções. Mantenha-se lúcida e equilibrada, está bem?

— Entendo tudo isso, Augusto. Prometo que não vou lhe decepcionar de forma alguma. Mas o que devo fazer para me manifestar entre os encarnados, sem cometer nenhuma falha?

— Na hora certa você irá se concentrar, fará uma oração e pedirá a Deus que lhe permita se manifestar por meio do médium que for colocado à sua disposição. Ele será o seu porta-voz e você dirá aos seus pais aquilo que o seu coração mandar.

— Posso falar o que eu quiser?

— Pode falar o que sentir vontade, pois você estará inspirada. Aquilo que não puder ser dito, por questões éticas ou em respeito à limitação do entendimento dos encarnados, será evitado naturalmente e em nada comprometerá a importância e a legitimidade da mensagem que você transmitirá.

Beatriz passou o dia todo se preparando para aquele momento. Augusto conversou muito com ela, para desviar sua atenção da ansiedade que insistia em lhe dominar. Na hora estipulada, concentrou-se, orou e foi conduzida mentalmente ao Centro Espírita. Aos poucos foi distinguindo os detalhes do ambiente. Em função de uma fervorosa prece emitida pelo dirigente dos trabalhos, o local se encontrava bastante harmonioso. Uma iluminação sutil delineava os perfis dos médiuns enfileirados, posicionados em suas cadeiras. Uma agradável sensação de paz dominava o aposento, fluidos de amor e de compaixão se desprendiam dos corações dos trabalhadores e envolviam a todos.

Vários desencarnados enfermos eram socorridos por médicos e enfermeiros espirituais, que utilizavam os fluidos doados pelos encarnados, à medida que a sessão prosseguia. Beatriz percebeu que alguns desencarnados, ligados aos médiuns por intermédio de condutores fluídicos, iriam se manifestar naquela noite.

Numa outra salinha, também em penumbras, ao lado daquela, havia uma pequena audiência silenciosa e expectante. Devido à baixíssima luminosidade do cômodo, só dava para visualizar as silhuetas das pessoas que aguardavam, ansiosas, a manifestação dos Espíritos, não sendo possível distinguir os seus semblantes.

Quando chegou a vez de Beatriz se comunicar, ela estava um pouco tensa. Encontrava-se conectada fluidicamente a uma jovem muito amorosa que lhe deu todo o apoio. Beatriz podia ouvi-la sussurrar:

— Fale, minha querida! Estou à sua disposição. Abra o seu coração! Aqueles que lhe amam esperaram muito por este momento. Peça ajuda a Deus, peça inspiração e deixe o seu coração falar por você...

— Que Nosso Senhor Jesus Cristo, em Sua infinita bondade, nos ilumine! – começou Beatriz, com voz meio trêmula e insegura.

— Que Deus lhe abençoe! Você quer se indentificar? – reportou-se o dirigente da reunião.

— Vim dar um testemunho de fé e de esperança. Vim trazer conforto a dois corações que aqui se encontram, mutilados pelo sofrimento causado pelo meu abrupto desencarne.

— Seus pais?

— Sim. Vim dizer-lhes que os amo muito! Que fui fraca e não deveria ter feito o que fiz. Sofri demais por conta de minha atitude impensada. Mas, hoje, graças a Deus e à dedicação de suas preces, estou bem melhor.

Do meio da pequena plateia que ali se encontrava, surgiu um burburinho. Beatriz reconheceu a voz do pai.

— É ela! É a Beatriz, Júlia! Eu tenho certeza. Oh, meu Deus, é ela!

Alguém pediu que se fizesse silêncio, mas os soluços de seu Fagundes e de dona Júlia eram audíveis. Os dois estavam chorando de emoção. Beatriz se emocionou também. Sentiu vontade de chorar, mas lembrou-se das recomendações de Augusto. Temeu entrar em desequilíbrio e, fazendo um enorme esforço contra suas próprias emoções, prosseguiu:

— Tudo na vida tem o seu porquê. Não cabe a nós conjeturar e nem ficar nos consumindo em remorsos, pois são atitudes inúteis. Útil é servir ao semelhante, amar a Deus e ao nosso próximo, seguir os ensinamentos do Mestre Jesus e cuidar de nossa elevação moral e espiritual, pois é ali que se encontram os nossos mais nobres valores. Paz e compreensão, esperança e êxito na escalada que nos leva a Deus é o que desejo de todo o coração aos familiares e aos amigos que guardaram de mim tão boa lembrança. Que Deus nos ajude, nos dê força e entendimento. E, se me for permitido, aqui estarei, sempre que houver necessidade. Que assim seja, meus queridos!

Quando se desprendeu da médium, Beatriz sentiu uma leve tontura e se deparou com Augusto e Ivone do seu lado. Ela estava novamente no abrigo.

— Parabéns, minha querida! – congratulou Ivone. — Até que você se saiu muito bem para uma principiante.

— Eu sabia que você daria conta – completou Augusto, abraçando-a.

— Estou muito emocionada. Ouvir a voz dos meus pais não foi muito fácil para mim, tive muita vontade de abraçá-los – disse Beatriz, ainda abalada pelo reencontro.

— Acalme-se, Bia. Você irá se acostumando aos poucos. Daqui a uns tempos poderá abraçá-los e até visitá-los em casa, mas ainda não é o momento certo. Você não está preparada para tanto e poderia entrar em desequilíbrio – explicou ele.

— Augusto, o que ainda não me foi esclarecido? Enquanto estive ali, tão próxima de meus pais, tive a nítida sensação de que alguma coisa em relação a eles não me foi revelada.

— Os esclarecimentos vão ocorrendo na medida do necessário, minha querida. Não se aflija, pois tudo tem o seu tempo certo.

— Então, eu estou certa?

— Está sim e eu vou lhe dar mais alguns esclarecimentos. Seu Fagundes foi tão rigoroso com você e Rosilda nesta encarnação, porque trazia inconscientemente um trauma do passado. Ele teve uma filha praticamente tomada à força por um fazendeiro. Por isso, um inexplicável medo de falhar de novo o fazia vigiar vocês duas de modo tão exagerado e dona Júlia se tornou hipocondríaca nesta encarnação porque passou grande parte de sua última existência sofrendo uma doença psicossomática, decorrente da perda dessa mesma filha.

— Ah, bem que eu estava desconfiada! Então meus pais são os mesmos de quando eu era Elisa.

— Sim. Seu Fagundes e dona Júlia são a reencarnação de Tonho e Rita. Vocês voltaram juntos e, de modo geral, isto acontece com frequência. Muitas famílias reencarnam juntas para terem a oportunidade de evoluírem coletivamente, pelo exercício da reconciliação.

— Obrigada, Augusto. Agora tudo faz muito sentido para mim, inclusive as deficiências de papai e mamãe.

— Explica, mas não justifica, Bia. Muitas das nossas fraquezas, enquanto encarnados, são frutos de traumas vividos em existências anteriores. Uma pessoa que tenha morrido queimada, terá horror ao fogo. Quem morreu afogado terá muito medo da água e assim por diante. No entanto, a sensatez nos convida a vencer essas demonstrações de fraqueza. É nossa obrigação transpor os obstáculos causados por esses traumas e nos fortalecermos interiormente. Somente assim, deixaremos de repetir os erros do passado ou de cometer novos erros, usando como desculpa as sequelas que aqueles deixaram em nós.

— Mas é uma tarefa muito difícil...

— Deixa de ser, quando nos conscientizamos de que somos os filhos queridos de um Pai extremamente amoroso e justo. Um Pai que não nos deixa sofrer, senão aquilo que merecemos e de que precisamos para a nossa própria elevação. Quando a fé em Deus passa a ser a bússola de nossa peregrinação, minha querida, não há medo que nos vença; não há obstáculo que nos impeça de seguir adiante, com a determinação heroica dos verdadeiros seguidores do Cristo.

— Você fala umas coisas tão lindas, Augusto. E o interessante é que são também tão óbvias. Incrível como nós deixamos de raciocinar sobre esses detalhes, muitas vezes, até mesmo por preguiça de pensar.

Augusto e Ivone riram da observação de Beatriz e a convidaram para fazer uma prece de agradecimento pelo sucesso de sua primeira manifestação no Centro Espírita.

Realmente, como Augusto havia orientado, alguns anos mais tarde, Beatriz teve condição de visitar seus familiares no ambiente doméstico, sem se deixar abalar pela emoção desse encontro. Assim, ela pôde saber como todos estavam.

Seus irmãos não haviam mudado quase nada. Continuavam ostentando as suas imperfeições, despreocupados com o futuro, apesar de os conselhos que os pais e seus guias espirituais sempre lhes davam.

Rosilda, às vezes, acompanhava as sessões mediúnicas no Centro Espírita, mas não demonstrava tanta fé quanto seu Fagundes e dona Júlia. Apesar disso, tornou-se uma mulher muito prestimosa e sensata. O marido sofrera um derrame cerebral e acabara ficando paralítico, mas, contrariando todas as expectativas, Rosilda jamais o abandonou. Pelo contrário, perdoou-lhe a ofensa do passado e passou a cuidar dele com muita dedicação. Com essa atitude, terminou conquistando de vez a amizade e o carinho dos enteados, que agora se arrependiam das atitudes do passado. Rosilda teve três filhos com Sebastião.

As manifestações de Beatriz na Casa Espírita prosseguiram e seus pais passaram a encará-las com maior naturalidade, sempre agradecendo a Deus a oportunidade de poderem ouvir as mensagens transmitidas pela filha. Agora, já não choravam nem sofriam como da primeira vez, apenas agradeciam e se emocionavam.

Quarta parte
Estela

18

Fabrício e Ângela

"Nem as riquezas, nem o poder, nem mesmo a florida juventude são condições essenciais à felicidade."
(E.s.E – Cap. V; item 20)

Augusto chegou todo sorridente no jardim, onde Beatriz se encontrava em prece. Sentou-se ao lado dela, colocou a mão sobre o seu ombro e ficou olhando-a em silêncio, tentando criar um clima de expectativa.

Beatriz deduziu que ele trazia a boa notícia tão esperada, mas nada perguntou, só para deixá-lo intrigado. A relação entre eles se tornava cada vez mais descontraída.

— Trago boas novas! – disse ele, por fim.

— Já sei! Estou autorizada a saber o que está acontecendo com Fabrício e Estela no plano terreno.

— É isso mesmo, como adivinhou?

— Pela sua cara, Augusto! Você mesmo se entregou, pois sabe como isso é importante para mim. Quando o vi tão radiante, deduzi que o motivo era este – comentou, sorrindo.

— Você quer fazer isso agora?

— Se for possível, imediatamente. Você vai me contar tudo?

— Você não vai apenas ouvir o que está acontecendo com Fabrício. Foi permitido que você veja o que está se passando na vida dele.

— Ótimo! Mas por que recebi esta permissão tão especial?

— Não tenho certeza, Bia, mas certamente será muito importante para o seu crescimento. Portanto, não desperdice esta grande oportunidade.

E Augusto, com seu jeito sempre afetuoso, convidou-a a relaxar e elevar o pensamento a Deus. Beatriz já sabia como deveria proceder. Concentrou-se, fez uma oração e pediu ajuda ao Pai; não somente para ter o esclarecimento sobre os fatos, mas também para suportar a emoção que eles certamente lhe trariam.

Fabrício e Ângela estavam casados há oito anos. A vida lhes sorria de todas as formas. Eram jovens, bonitos, inteligentes e bem-sucedidos. Frequentavam os ambientes mais luxuosos e não perdiam a oportunidade de se exibirem nos eventos sociais mais concorridos.

A doutora Ângela era uma grande advogada criminalista e o doutor Fabrício um ótimo clínico geral. Moravam num confortável apartamento, num dos bairros mais importantes de São Paulo. Desfilavam em seus belos carrões e a conta bancária de ambos ia de vento em popa, já que o tratamento dispensado e o empenho profissional com que se dedicavam aos seus clientes dependiam do quanto estes pudessem gastar.

Acreditavam no amor, mas num sentido bem diferente do verdadeiro termo da palavra e não viviam em função dele. Eram, antes de tudo, práticos no que se referia a relacionamentos, fossem profissionais, familiares ou sociais.

Haviam se conhecido nos tempos de faculdade. Não foram tomados por uma paixão avassaladora, mas se gostaram. Tinham projetos semelhantes, o futuro lhes reservava os mesmos destinos, gostavam das mesmas coisas e se entendiam relativamente bem.

O casamento era apenas mais um entre seus tantos outros projetos. Tudo meticulosamente estudado e concretizado.

O relacionamento não era uma maravilha, Fabrício e Ângela possuíam um temperamento um tanto quanto intimista. Ela, mais determinada, mandona, exigente; ele, aparentemente mais sossegado, mas terrivelmente egoísta. No entanto eram, aos olhos de todo o mundo, pessoas felizes e realizadas. Intocáveis até. Seres fadados à felicidade, diziam os amigos.

Um dia, durante o café da manhã, Ângela comunicou que estava grávida. Fabrício, folheando o jornal, ouviu com indiferença e respondeu com um tom de voz inalterado:

— Já era tempo, meu amor! Um filho era tudo o que faltava para completar a nossa felicidade.

E a mulher respondeu com um sorriso meio debochado.

— Felicidade! Como se isso existisse...

E se prepararam para receber o filho. Na verdade, o quarto, a ele destinado já estava mobiliado há tempos. O casal desejou, desde o início da relação, que Ângela engravidasse. O filho seria mais um objeto de exibição à sociedade, mais um prêmio oferecido pelo destino para coroar-lhes o orgulho. Depois disso, ficariam livres das cobranças dos amigos. Poderiam voltar toda a atenção às suas reais aspirações. Bastaria contratarem o serviço de uma babá competente para poderem tocar as suas vidas em sossego, pensavam os dois, mergulhados em profundo egoísmo.

Várias notas foram divulgadas nas colunas sociais dos jornais, parabenizando o famoso casal pela concepção do herdeiro. Até mesmo um jantar foi oferecido por amigos, para comemorarem a novidade.

Quando estava no quinto mês de gestação, Ângela teve um sonho que a deixou bastante impressionada. No dia seguinte, antes mesmo de sair da cama, contou-o ao marido.

— Estou horrorizada – disse-lhe. — Sonhei que estava dando à luz o nosso filho, mas que, em vez de uma criança, era outra coisa que saía de dentro de mim.

— Outra coisa? Que outra coisa?

— Não sei direito, mas não era um ser humano normal. Era estranho...

— Ângela, é muito normal as mulheres terem certas sensações durante a gestação, principalmente na primeira gravidez. Isto é fruto da insegurança que a maternidade provoca.

— Eu sei de tudo isso, Fabrício. Não sou uma mulher ingênua e despreparada para a vida. Não me sinto insegura, ou melhor, não estava me sentindo insegura. Mas, agora...

— Agora?

— Sei lá! Fiquei impressionada com o sonho.

— Você tem ido às consultas com o Alberto?

— Claro, meus exames pré-natal estão em dia. Tenho tomado todas as providências que ele recomenda. Tenho seguido todas as suas orientações quanto à alimentação, ao repouso, aos medicamentos... Tudo! Semana passada mesmo, fizemos outra ultrassonografia, ainda não deu para ver o sexo da criança, mas ele está muito convencido de que é uma menina.

— Então! Está vendo que não há por que se preocupar? O Alberto disse que é uma menina e não um bichinho estranho, não é?

E Fabrício, rindo, abraçou Ângela, mas ela não conseguiu achar graça de nada. Estava realmente preocupada.

Chegando ao escritório, Ângela mandou que sua secretária ligasse imediatamente para o obstetra e marcasse uma consulta para o dia seguinte. Ela continuava intrigada com aquele sonho e precisava se certificar de que tudo estava realmente bem.

Mas, um fato inesperado a ocupou de tal forma nos dias sequenciais, que ela acabou se esquecendo do sonho e da consulta que pretendia fazer.

Ângela dividia o escritório com o doutor Waldir, um advogado septuagenário, amigo de seu pai.

O doutor Waldir, assim como a doutora Ângela, era criminalista e, devido à sua grande experiência, um profissional muito requisitado. Ângela o acompanhava, ajudava-o muito, mas ainda não se sentia preparada para executar nem uma terça parte das causas que ele, com sua habitual competência, realizava com tranquilidade.

No dia marcado para ir ao consultório médico, ao chegar no escritório, a secretária lhe informou:

— Doutora Ângela, dona Leonor, esposa do doutor Waldir, pediu para a senhora ligar para ela assim que chegasse.

— Ela não disse do que se tratava?

— Não senhora. Ela não adiantou nada, mas pelo tom de voz, achei que estava muito apreensiva. Ah, não se esqueça de que a senhora tem médico marcado para hoje, às quatorze horas.

— Obrigada por me lembrar, Joelma!

Ângela ligou para a residência de seu sócio e Leonor a atendeu chorando.

— O Waldir está internado numa clínica, Ângela. Sofreu um infarto de madrugada e está muito mal. Só vim em casa tomar umas providências e já estou voltando para junto dele.

— Oh, meu Deus! Onde é esta clínica? Preciso vê-lo imediatamente...

— Não, Ângela, por favor! Melhor que você fique aí e cuide dos negócios. Ele não está podendo receber visitas mesmo e você será muito mais útil se se encarregar das obrigações dele aí no escritório.

— Está bem, Leonor. Mas, por favor, me mantenha informada.

— Pode deixar, que eu lhe mando notícias, Ângela. Reze por ele, está bem?

— Fique com Deus, Leonor! E não se preocupe com o escritório. Vou fazer o melhor que puder para manter tudo em ordem por aqui.

Assim que desligou o telefone, Ângela se reuniu com Marisa, a secretária do Waldir e levou um susto quando viu a imensa quantidade de compromissos inadiáveis de teria de assumir em nome de seu sócio.

A partir daquele dia, não mais teve tempo para nada, nem mesmo para cuidar de sua gravidez. Mandou Joelma desmarcar a consulta médica e remarcar para outro dia, mas o outro dia chegou e ela novamente precisou adiar. Waldir continuava internado e teria que passar por uma delicada cirurgia.

As audiências no fórum, os julgamentos, a preparação das defesas, tudo exigia uma total dedicação da advogada.

O doutor Alberto ligava para ela, lembrava-lhe das consultas, dos exames e Ângela sempre ocupada, adiando para mais tarde, para amanhã e nunca aparecia. Estava sempre atarefada.

Chegava em casa tarde, completamente exaurida. Tomava um banho morno, jogava-se na cama e dormia pesadamente. Tinha a impressão de que mal fechava os olhos e o dia já estava amanhecendo. Novamente os compromissos, a correria, o trânsito, as audiências...

Um dia, Fabrício a alertou:

— Ângela, você está trabalhando demais. Tem que tomar mais cuidado, não deveria se expor tanto...

— Eu tenho consciência disso, Fabrício, mas não posso simplesmente abandonar os clientes do escritório. Está certo que são clientes do Waldir, mas é o nome do escritório que está em jogo e, consequentemente, o meu nome também, já que somos sócios. Acredito que logo ele estará de volta ao trabalho e aí minha vida volta ao ritmo normal.

— E se ele não voltar?

— Terei de procurar outra pessoa para trabalhar comigo, mas não posso fazer isso, por enquanto. Seria uma indelicadeza com o Waldir, afinal, ele está doente, mas não está morto.

Dois meses após ter sofrido o infarto, Waldir finalmente voltou para casa. Havia feito a cirurgia e deveria ficar em repouso por uns seis meses, segundo orientação médica.

Assim que ele retornou ao lar, Ângela foi visitá-lo e falou de suas preocupações.

— Há muito serviço no escritório, Waldir. Logo vou ter que me ausentar por causa do parto. Terei de libertar este prisioneiro aqui, depois de nove meses de detenção – brincou ela, apontando para o ventre.

Waldir achou graça da brincadeira e a acalmou.

— Tenho uma novidade para você, Ângela. Recebi a visita de um sobrinho que mora no Rio de Janeiro. É um ótimo advogado e está de mudança para São Paulo. Ele ficou bastante interessado em assumir o meu lugar. Se você concordar, logo terá um sócio jovem e saudável para trabalhar consigo e não um matusalém feito eu.

— Podemos conversar sobre o seu sobrinho e eu até acredito que ele seja um bom advogado, mas duvido que possa lhe substituir à altura, Waldir. Sabe por quê? Porque você é simplesmente insubstituível – disse ela, provocando risos no velho advogado.

19

O parto

"Quando o orgulho chega ao extremo, tem-se um indício de queda próxima."
(E.s.E – Cap. VII; item 12)

Uma semana depois, Ângela era apresentada ao doutor Paulo César, sobrinho do Waldir. Após discutirem longamente sobre negócios, saíram para almoçar e a conversa tomou um rumo mais pessoal.

— Estou precisando urgentemente mudar de ares – disse ele. — Estou saindo de um relacionamento conjugal de quinze anos e, pior, tão decepcionado com minha ex-mulher, que o Rio de Janeiro ficou pequeno para nós dois.

— Nossa, que situação dramática! – brincou ela.

— Infelizmente não é só drama, Ângela. É a mais pura realidade da minha vida – disse com voz amarga. — Desculpe-me, mas é tão grave que já fui logo me abrindo com você. É que estou sentindo uma grande necessidade de desabafar.

— Sou eu que devo me desculpar com você, Paulo César. Só quis descontrair um pouco o clima. Você está muito sisudo.

— Não me senti ofendido com a sua brincadeira, Ângela. Você não tem culpa de nada e nem é obrigada a compartilhar do meu mau humor. Aliás, estou mesmo precisando conviver com pessoas bem humoradas, sabe?

Ângela o encarou seriamente.

— Foi tão grave assim?

Paulo César baixou levemente a cabeça e respondeu com tristeza.

— Muito grave! Às vezes, você passa uma vida inteira ao lado de uma pessoa, pensa que a conhece, de repente, a máscara dela cai na sua frente e ela se desnuda. Quando se mostra como realmente é, você toma um susto e se pergunta: "Meu Deus! Como é que eu pude me deixar enganar por tanto tempo?".

— Ela o traiu?

— Sim. De várias formas. Mas, se você não se incomoda, eu prefiro não ficar falando disso.

— Concordo plenamente!

Ângela sorriu com ternura.

O advogado reergueu a cabeça e a agitou, como se pretendesse, com este gesto, espantar os maus pensamentos.

— Descobrir uma traição é sempre algo doloroso, Ângela, mas, de qualquer modo, é melhor tarde do que nunca, não é? Tenho 38 anos de idade e quatorze de profissão. Sou um advogado relativamente bom e posso começar tudo de novo... Quer dizer, quase tudo. Voltar a confiar nas mulheres vai ser bem mais difícil.

— É claro que pode e deve começar tudo de novo! Aliás, doutor Paulo César, pelo menos no que diz respeito a trabalho o senhor precisa começar imediatamente porque o que não falta em nosso escritório é serviço, sabia? – disse Ângela em tom bem humorado.

— Graças a Deus! Estou mesmo precisando de muita atividade para manter a mente bem ocupada.

— Você terá muita ocupação por aqui, não se preocupe. Não sei se o doutor já percebeu, mas eu também vou precisar me ausentar por uns tempos – arrematou Ângela, apontando para a sua enorme barriga.

E os dois, rindo bastante, retornaram ao escritório e começaram a trabalhar juntos.

Desde o primeiro momento, uma espontânea afinidade se desenvolveu entre Paulo César e Ângela. Os dois conversavam muito, sentiam-se bem trabalhando juntos e cultivaram uma excelente parceria.

Às vezes, Ângela o convidava para jantar em sua casa e Fabrício também se simpatizou com o advogado, embora não conseguisse evitar uma desconfortável sensação de ciúme, ao notar a grande amizade que sua esposa nutria pelo sócio.

No trabalho, Paulo César se mostrou responsável e competente. Em poucos dias estava inteirado de todo o trabalho do escritório e não mais admitia que Ângela se excedesse em nada. Sempre que podia resolver qualquer assunto sem a interferência dela, intimava-a:

— Vá descansar, Ângela! Deixe que eu resolvo esta questão.

E resolvia mesmo.

Ângela estava no oitavo mês de gestação quando, numa madrugada, teve outro sonho estranho. Sonhou que estava dentro de um lago de água morna e viscosa, de onde tentava desesperadamente sair.

Ela galgava a margem, que era bastante íngreme e escorregadia, mas, sem ter onde se agarrar, acabava deslizando novamente para dentro d'água.

Acordou suando, agarrada ao travesseiro. Sentiu que suas pernas estavam molhadas. Acendeu o abajur, afastou o cobertor e deu um grito quando viu sua camisola bege e o lençol branco encharcados, com uma enorme mancha vermelha. Era sangue. Ângela havia sofrido uma hemorragia.

Foi aquela correria. Fabrício a levou para a clínica, imediatamente. Antes, porém, ligou para o doutor Alberto, que também se dirigiu para lá.

Foi um parto atípico e extemporâneo, feito de emergência e quase ceifou a vida de Ângela. Dele nasceu uma débil menininha; estranha, prematura e doente. Ninguém acreditou que fosse sobreviver.

Ângela, que havia entrado em coma após o complicadíssimo parto, foi conduzida para o Centro de Tratamento Intensivo. A criança recém-nascida também ficou internada, exigindo da equipe médica rigoroso tratamento e Fabrício se viu só, desamparado e impotente.

Passou o resto da noite sentado numa poltrona, na sala de espera da clínica. O rosto apoiado nos joelhos, enfurnado entre os braços. Decepcionado consigo mesmo, revoltado, perguntava a Deus o porquê de haver merecido tamanho castigo.

No dia seguinte, foi ao cartório para registrar o nascimento da filha. Estava extremamente abatido e decepcionado. Na verdade, também ele não acreditava que ela fosse sobreviver. Aliás, a impressão que teve quando a viu nas mãos de Alberto, foi a de que havia nascido morta. Era um serzinho minúsculo, roxo e silencioso.

Os olhares do médico e dos enfermeiros, quando se dirigiram a ele, eram de profunda frustração. Fabrício se lembrou do sonho que Ângela tivera três meses antes e sentiu um arrepio percorrer-lhe a espinha. No sonho, o que saía de dentro dela não era um ser humano normal, ela dissera. Decerto, tratava-se de uma menina. Definitivamente humana, mas esquisita. Mirrada e feia. Muito feia!

No dia seguinte, arrasado pela traumática ocorrência, procurou o cartório para registrar o nascimento da criança. Estava triste e mal-humorado, mas aquele era um procedimento legal que não poderia deixar de ser feito.

Entregou os documentos à escrivã, com visível má vontade.

— Qual será o nome da sua filha, moço?

E Fabrício se lembrou de haver combinado com Ângela, no início da gestação que, se fosse menina, dariam o nome de Estela.

Pensou na esposa em estado de coma.

A escrivã, uma senhora loura, de bochechas largas e rosadas, usando óculos de lentes muito grossas, encarava-o pacientemente.

— Já sei! O senhor e sua esposa não chegaram a um acordo, não é? É muito comum acontecer isso.

E Fabrício achou que Estela era um nome que não combinava com a aparência daquela coisinha esquisita que ficara semimorta na clínica médica. Estela era um nome bonito demais para ela.

— Se o senhor me disser quais são as opções, eu posso dar minha opinião – insistiu a escrivã. — Trabalho aqui há quinze anos e dificilmente alguém rejeita uma sugestão minha.

— Estela – disse Fabrício automaticamente.

— Estela? É um lindo nome, papai!

E lavrou a certidão de nascimento da menina, acrescentando ao nome os sobrenomes da mãe e do pai.

Fabrício deixou o cartório desanimado. Nem se dera ao trabalho de agradecer ao ser parabenizado pela tagarela funcionária do cartório. Não acreditava que Estela fosse durar muito tempo e, portanto, não havia motivo algum para comemoração.

Dobrou o documento, ainda com o cheiro da tinta fresca do carimbo. Colocou-o no bolso da camisa. Eram três horas da tarde. Fabrício não sabia para onde ir. Mandara a secretária adiar ou cancelar todas as consultas marcadas em seu consultório. Ângela e Estela estavam internadas, uma em coma, a outra na incubadora; a segunda, provavelmente esperando a hora de morrer. Não teve a menor vontade de ir para casa, pois lá somente lhe aguardava uma solidão insuportável.

Dirigiu-se para um bar. Pediu uma dose dupla de uísque e bebeu até embriagar-se.

Os dias seguintes transcorreram sem novidades. Ângela continuava em coma e Estela ainda exigindo cuidados especiais da equipe médica da clínica. Apesar da fragilidade de seu diminuto organismo e da falta de reflexos, seu quadro era estacionário. Mantinha-se de olhinhos fechados, o corpo imóvel e a respiração frouxa.

Fabrício não ousava vê-la. Não se sentia bem diante daquela coisinha estranha que, se sobrevivesse e se viesse a falar um dia, o chamaria de pai.

Em conversa com Alberto, exigiu uma explicação plausível.

— Por que diabos você não percebeu a anomalia do feto?

— Sinceramente, eu não entendi nada, Fabrício. Em todos os exames realizados, nenhuma anormalidade foi detectada no organismo da Ângela ou da criança. É certo que nos três últimos meses sua esposa simplesmente desapareceu da clínica, alegando excesso de trabalho, falta de tempo. Mas, de modo geral, essas anomalias são detectadas no início da gravidez e é isso que está me deixando intrigado. Lamento muito, mas, como lhe disse, eu também não entendi direito o que aconteceu.

— Se a menina sobreviver, que tipo de deficiência terá?

— Difícil prever, meu amigo! Há casos em que o tempo se encarrega de corrigir algumas deficiências e, à medida que se desenvolve, a pessoa vai adquirindo certas faculdades. Mas, há casos em que a pessoa passa a vida toda como um verdadeiro vegetal; está viva, respira, possui todas as necessidades orgânicas, mas simplesmente não evolui. Permanece tão dependente, quanto no momento do parto.

— Estou inconformado, Alberto. Que mal eu fiz para merecer tamanho castigo?

— Calma, Fabrício! Você não é a primeira nem será a última pessoa a passar por uma experiência dessas. Tenha mais fé em Deus. Peça orientação...

— Pedir orientação? A quem?

— A Deus, meu amigo. Somente Ele poderá lhe ajudar a superar este momento. Converse com

Ele, abra seu coração. Peça ajuda a Ele. Deus é justo e lhe atenderá.

— Não acredito na justiça divina, Alberto. Sou um médico, vivo cuidando da saúde alheia. Por que então tenho que ter uma filha doente?

— Deus sabe o que faz, meu amigo. Para duvidar da justiça d'Ele, nós teríamos que saber de muita coisa que não nos são permitidas.

— Por acaso você é espírita, Alberto?

— Minha mãe é que é, mas eu também estou chegando lá. Ela frequenta um Centro kardecista há anos e andou me falando muito sobre reencarnação, livre-arbítrio, reparações cármicas... Essas coisas que fogem ao domínio físico. Então eu fiquei curioso e passei a acompanhá-la ao Centro Espírita. Assisti a algumas palestras e achei as explicações doutrinárias do espiritismo muito arrazoadas e coerentes. Atualmente, estou lendo os livros da codificação. É incrível, Fabrício! Eu tenho encontrado respostas para todas as minhas dúvidas. Respostas racionais, coerentes, que fazem muito sentido.

— Pois, eu não acredito nessa história de reencarnação, Alberto. A gente é o que é. O homem nasce, vive, morre e pronto.

— Ah! Então é por isso que você não entende a justiça divina. Porque, no seu entender, Deus deve ser mesmo muito injusto.

— E não o é?

— Antes de conhecer as explicações arrazoadas que tenho encontrado no espiritismo, eu pensava assim: ou Deus é uma invenção da fértil e carente mentalidade humana, ou Ele é injusto. Do contrário, como podem nascer umas pessoas ricas e outras pobres? Umas inteligentes e outras apatetadas? Umas saudáveis e outras doentes? Umas em castelos e outras em barracos? Deus deve ser mesmo um pai muito injusto, pois dá aos seus filhos condições muito diferenciadas. Privilegia uns e castiga outros ao seu bel-prazer. E, o que é pior, exige de todos o mesmo comportamento retilíneo e exemplar.

— Mas, não é o que acontece?

— Não! Agora eu sei que não é nada disso.

— Ah, não é? Então me explique isso, Alberto, porque eu não entendo mais nada.

— As oportunidades, Fabrício, são dadas de modo igual a todas as pessoas.

— Por que, então, as diferentes sortes?

— Pelo modo como as oportunidades concedidas são utilizadas por quem as recebeu. Vejamos um exemplo: um pai tem dois filhos e, naturalmente, ama os dois com a mesma intensidade. Compra dois brinquedos caríssimos e dá a eles. Um dos filhos cuida bem do brinquedo, usa-o com carinho, limpa-o e o guarda com zelo após a brincadeira. O outro é desleixado, faz mau uso do brinquedo e o deixa jogado à intempérie após a brincadeira. Logo, logo, o filho descuidado ficará sem o seu brinquedo e, mais tarde, quem o ver triste, se lamentando, pensará que aquele pai é muito injusto, achando que somente um dos filhos foi privilegiado. O presente caro que Deus nos dá é a vida. Mas nos dá, também, o livre-arbítrio, para fazermos dela o que bem quisermos. Quem a usa com responsabilidade, aproveita melhor o seu presente e, consequentemente, evolui mais; evoluindo mais, sofre menos. Quem a usa irresponsavelmente, contrai dívidas que precisarão ser resgatadas em futuras encarnações. Segundo o espiritismo, nós reencarnamos justamente para repararmos as faltas que acumulamos em nossa trajetória, apaziguarmos as mágoas contraídas e provocadas em nossos semelhantes e aprofundarmos os nossos conhecimentos espirituais. Para isso servem as encarnações; para que o homem evolua e se purifique.

— Você está dizendo que a Estela é um castigo divino por alguma falta que eu tenha cometido?

— Não estou afirmando nada, até porque não tenho meios para isso. Mas, a Doutrina Espírita afirma que nada acontece por acaso. As alegrias e as tristezas pelas quais passamos são simplesmente os efeitos do nosso merecimento. São reações provenientes das nossas próprias ações.

— O que você está propondo é um absurdo, Alberto. Sinceramente, não me convence nem um pouco. Se você não tem uma explicação razoável para me dar sobre o que aconteceu com a gravidez da Ângela, é melhor que não diga nada.

E Fabrício foi embora extremamente aborrecido, mas, no íntimo, não tinha tanta convicção daquilo que dizia. Reconhecia-se faltoso, egoísta e orgulhoso. Lembrava-se constantemente da adolescente que abandonara grávida e em apuros, anos atrás. No entanto, afugentava tais pensamentos e procurava convencer-se de que tudo havia se resolvido.

"A essas alturas, Beatriz deve estar casada. Bonita como é, o que não lhe faltavam eram pretendentes. Deve ter sido muito fácil para ela conseguir um pai postiço para o bebê e, provavelmente, já me esqueceu há muito tempo" – justificava-se.

20

A escolha

"Lembrai-vos de que a cada pai e a cada mãe perguntará Deus: - Que fizeste do filho confiado à vossa guarda?"
(E.s.E – Cap. XIV; item 9)

Somente seis meses mais tarde é que a vida de Fabrício voltaria ao normal; se é que se pode chamar de normal ter em casa uma esposa revoltada e uma filha que, em termos de vida, poderia ser comparada a um repolho.

A alegria da paternidade foi substituída pela frustração e até mesmo por um inconfessável sentimento de vergonha de expor a filha em público.

No fundo, tanto Ângela quanto Fabrício prefeririam que Estela tivesse nascido morta. Aliás, era na esperança de que a menina não durasse muito que eles se agarravam para tocar adiante as suas vidas, mas era muito difícil.

Tudo havia mudado; a vida social do casal tornou-se nula. Os amigos foram se afastando e, aos poucos, novos casais jovens e alegres iam substituindo-os nas colunas sociais dos jornais e nas pomposas festas realizadas pela alta sociedade.

Ângela foi mais rápida que Fabrício, em termos de readaptação social. Tão logo se viu curada da grave enfermidade enfrentada após o parto, voltou ao trabalho com carga total. Queria recuperar o tempo perdido, ocupar o pensamento com as tarefas do escritório para esquecer a pesada carga que a esperava em casa. Ansiava retomar o seu lugar de destaque junto à sociedade, voltar às festas e ao convívio com as pessoas elegantes e despreocupadas com as quais sempre compartilhara os momentos de lazer.

Paulo César, que havia heroicamente sobrevivido à grande ausência da sócia, recebeu-a com muita alegria. Como sempre, havia bastante trabalho a ser realizado e os dois retornaram à costumeira afinidade profissional, dando conta de tudo com muita eficiência.

As horas que ficava no escritório, ou nos fóruns, durante os julgamentos de seus clientes, passaram a ser as melhores da vida da doutora Ângela. Um abatimento inexplicável a invadia completamente quando ia se aproximando o momento de ir para casa. A advogada adiava o máximo possível esses retornos. Não se sentia mais à vontade em seu próprio lar, na verdade, passou a ter ódio de viver naquele lugar.

Estela passava-lhe uma estranha sensação de desconforto e Ângela não conseguia sequer acreditar que aquela coisinha esquisita, com seu corpinho disforme, seu semblante totalmente apático e seus membros flácidos e inertes, tivesse saído de dentro dela. Era uma mulher pragmática, um ser pouco evoluído no campo espiritual que ainda tinha muito que aprender sobre os genuínos valores humanitários, por isso não conseguia se interessar por alguém em quem não pudesse vislumbrar a possibilidade de um futuro promissor. Que futuro poderia ter aquela criaturinha? Não. Não era apenas impossível para Ângela amá-la, era impossível até mesmo tolerá-la!

O trauma do parto, causado pela grave enfermidade que se lhe abatera e agravado mais ainda pelo nascimento de uma criança defeituosa, inseriu em sua alma um forte sentimento de repulsa. Feriu-a profundamente em seu orgulho.

Ângela passou a se achar a pior das mulheres sobre a face da terra, uma vez que falhara no sagrado ofício da maternidade. Mas imputava esse infortúnio ao marido, a quem julgava ser o grande responsável por aquela tragédia. Não sabia exatamente porquê, mas tinha certeza de que a culpa era unicamente dele.

Esses pensamentos, inconfessáveis a quem quer que fosse, ficavam trancados a sete chaves em sua própria consciência. A mãe de Estela remoía sozinha toda essa angústia e tentava disfarçá-la o máximo possível, entregando-se de corpo e alma aos intermináveis afazeres que a sua profissão exigia e às exíguas atividades sociais que, lentamente, voltavam a fazer parte de sua vida.

Esse negativismo que a invadiu inteiramente, terminou se refletindo também na relação conjugal. Considerando que o marido fora incapaz de lhe proporcionar uma gravidez saudável e de torná-la uma mãe plenamente realizada, Ângela passou a se sentir desobrigada de oferecer-lhe a condição de esposa. Seu modo prático e frio de encarar a vida a fazia refletir assim. Era a contrapartida do fracasso que Fabrício se lhe impusera.

A convivência do casal esfriou de tal forma que, após o nascimento de Estela, nunca mais se relacionaram intimamente. Estela exigia atenção praticamente vinte e quatro horas por dia e quem se encarregava de cuidar dela era sempre o pai, que vivia aos sobressaltos.

A quase certeza de que Fabrício era o único responsável pela doença de Estela, fazia com que Ângela deixasse por conta dele todas as tarefas atinentes à menina. Ela não tinha meios de provar tal desconfiança, mas esse pensamento era tão forte que a advogada não se sentia na obrigação de cuidar da menina em nenhum momento. Não tinha paciência para lidar com a filha. Era uma mulher de negócios, uma advogada brilhante, não possuía o menor talento para ficar trocando fraldas, amamentando... Ainda mais em se tratando de uma criança tão incapaz e tão sem perspectivas.

Quando Fabrício se queixava, solicitando mais a presença da esposa junto à filha, ela era taxativa:

— O médico aqui é você, meu querido! Nossa filha não precisa de uma advogada; ela precisa mesmo é de um médico.

Embora revoltado, Fabrício não se sentia à vontade para discutir com Ângela. Também ele, inconscientemente, se sentia responsável pela enfermidade da filha. Tentou arrumar uma babá competente, que pudesse substituí-lo, mas foi em vão.

Após inúmeras tentativas, acabou desistindo. Ninguém conseguia cuidar da menina, por mais alto que fosse o salário oferecido, por melhores que fossem as intenções das babás contratadas. Logo elas iam embora, pois não se tratava apenas do trabalho que a criança dava, mas de uma invisível, porém perceptível onda magnética que as repelia.

Era uma inevitável sensação de mal-estar que se propagava em torno da pequenina e contaminava todo o ambiente à sua volta, provocando um grande desconforto em quem dela se aproximava.

Eram as baixas vibrações do ódio acumulado naquele Espírito que provocava tal situação. Mas quem poderia supor a gravidade de tal fato? Quem arriscaria dizer que aquela criaturinha indefesa e recém-nascida que ali estava era um ser tão antigo, detentor de uma bagagem de vida tão complexa, tão repleta de traumas e decepções?

O compromisso de Fabrício era intransferível. Era um papel que cabia a ele, somente a ele desempenhar. Da esfera espiritual, as atenções se voltavam para as suas atitudes. Os Espíritos inferiores aguçavam as suas más tendências, incentivando-o a se livrar daquele fardo inútil e voltar a viver intensamente a vida, a retornar aos antigos prazeres abandonados.

Por outro lado, os Espíritos evoluídos, que se esmeram em auxiliar o homem na sua ascensão, o incentivavam a levar adiante a sua tarefa, a não se deixar abater pelas contrariedades, a amar incondicionalmente aquele serzinho que ali estava, tão dependente dos seus cuidados.

A vida profissional de Fabrício também se desmoronou. Inicialmente, o médico convidou um amigo para trabalharem juntos, mas sua presença no consultório era tão escassa, que o sócio terminou ficando sozinho. Fabrício passou a receber uma cota mensal fixa, já que era o proprietário do imóvel, e abandonou as suas atividades, para dedicar-se integralmente à Estela.

Às vezes, o médico era assaltado por um forte sentimento de revolta e discutia com a filha. Falava-lhe coisas desagradáveis, acusava-a de haver estragado a sua vida e perguntava quanto tempo mais teria de suportá-la.

Incapaz de compreender o que ocorria, a pequenina permanecia com seu semblante inalterado, os olhinhos fechados, o rostinho apático e o corpinho paralisado. No entanto, sua alma, já tão magoada, ia registrando todos aqueles sentimentos negativos advindos do pai. Nesses momentos, uma pessoa mais sensível às baixas vibrações espirituais, não conseguiria sequer aproximar-se do ambiente onde tais discrepâncias ocorriam, tamanha e tão forte era a irradiação destrutiva que se alastrava no ambiente.

Uma vez mais, a história estava descambando para o lado negativo, desviando-se perigosamente para o campo da incompreensão.

Os Espíritos trevosos que estão sempre atentos às mazelas humanas e que tentam sempre conduzir o homem para o mau caminho, vibravam com tal atitude e chegavam mesmo a sugerir que Fabrício desse um fim à vida da filha.

"Mate-a, seu bobo! Vai ser muito fácil. Ninguém vai saber de nada e logo você estará livre deste fardo tão pesado" – gritavam em seus ouvidos.

Por não possuir mediunidade auditiva, Fabrício não podia ouvir claramente o que lhe diziam, mas as palavras chegavam ao seu cérebro na forma de sugestão. Os maus pensamentos sugeridos se tornavam, por vezes, bem tentadores e o pai de Estela chegava mesmo a imaginar qual seria a melhor forma de dar fim à vida da filha sem levantar suspeitas. Mas, por outro lado, seu guia espiritual aconselhava-o a desistir daquela ideia tão absurda.

"É sua filha, Fabrício! Doente e incapaz, mas é sua filha e você deve amá-la. Cuide dela, não desista, pois a sua resignação lhe renderá bons frutos no futuro!" – dizia o mentor, envolvendo-o carinhosamente.

Confortado pelas boas sugestões, Fabrício caía em si e pedia perdão à filhinha pelos maus pensamentos. Nestes momentos, implorava forças para resistir às más tentações, mas fazia seus pedidos a esmo, pois nada sabia sobre Deus. Imaginava-O como nas figuras desenhadas nos forros das igrejas e só. Confundia-O com a imagem de Cristo pregado na cruz, com aquele semblante pesaroso, o sangue a escorrer pela face. Mortinho! Parecendo precisar muito mais de auxílio do que ele próprio.

Buscava incessantemente, mas nada encontrava, pois nem sabia, na verdade, o que estava buscando e, muito menos onde encontrar. Ele não sabia, ainda, que o santuário sagrado habitado por Deus é o coração dos seus próprios filhos. Não sabia que cabe a cada um deles preparar esse santuário para recebê-Lo e, mais ainda, estar atento para sentir a presença do Criador em seu interior e não na exterioridade de um céu ilusório que o imaginário popular estabelece como sendo logo ali, um pouquinho acima das nuvens.

Fabrício lutava consigo mesmo, uma luta inglória e, por vezes, desalentadora. No entanto, a opção estava em suas próprias mãos, o livre-arbítrio oferecia-lhe toda a possibilidade, cabia unicamente a ele fazer a sua escolha.

21

Dura expiação

"Deus frequentemente anula todas as previsões e a riqueza foge àquele que se julga com os melhores títulos para possuí-la." (Œ.s.E – Cap. XVI; item 19)

E a vida seguiu por um bom tempo sem grandes alterações. Estela não demonstrava qualquer sintoma de evolução em seu quadro. Continuava totalmente dependente do pai. Fabrício desistira de procurar uma babá que pudesse cuidar da filha. Recebendo mensalmente uma quantia razoável do aluguel do seu consultório e de outros imóveis que o pai havia lhe dado, parou de clinicar. Sua vida tornou-se totalmente reclusa. Passava os dias em casa, vendo televisão, lendo jornais e cuidando de Estela.

Ângela, cada vez mais afastada do convívio familiar, seguia firme em seu trabalho, levando adiante os seus projetos, indiferente às suas responsabilidades de mãe e esposa. O sucesso de seu escritório ia de vento em popa. Às vezes, saía com Paulo César após o expediente para tomar uns drinques e chegava em casa bem tarde.

Fabrício, extenuado e sonolento, dificilmente a via chegar, mas se estivesse acordado, reclamava muito e, invariavelmente terminavam discutindo. Nas discussões, o nome de Estela era sempre o alvo predileto e as vibrações negativas lançadas contra a pequenina faziam aumentar sobremodo o sentimento de rejeição inserido em sua alma e funcionavam como um bumerangue, retornando para os pais na forma de cólera, o que fazia acirrar ainda mais o clima de animosidade entre eles. As brigas tornaram-se uma rotina na vida do casal.

Nas vezes em que saíam juntos, após o expediente do escritório, Paulo César e Ângela falavam de suas desventuras. Ele rememorava a decepção vivida com a ex-esposa e ela chorava as mágoas de seu casamento fracassado. Queixava-se das brigas que vinha tendo com o marido. Desde o nascimento de Estela, nunca mais voltara a encará-lo como o homem da sua vida. Passou a achá-lo fraco e desinteressante. Culpava-o por tê-la engravidado com um sêmen defeituoso e uma imensa, invisível e intransponível geleira se ergueu entre os dois.

Assim, a carência afetiva que dominava inteiramente o casal de advogados passou a uni-los de modo inequívoco. Eles nem percebiam o que se processava gradativamente em seus corações. A transmutação da amizade em algo muito mais forte, o clima de romance que envolvia os seus encontros e o imenso vazio que os acometia ao se despedirem. Estavam apaixonados.

O pedido de separação pegou Fabrício de surpresa. Que o casamento não ia bem, ele estava cansado de saber, mas em nenhum momento lhe passou pela cabeça que Ângela quisesse se divorciar dele. A ilusão alimentada em si de que a condição atual era temporária, que a incômoda presença de Estela em suas vidas não duraria muito, fazia-o ter quase certeza de que também a crise conjugal era transitória. Ele achava que assim que Estela morresse, o que em seu pensamento não duraria muito a acontecer, sua vida com a esposa voltaria ao ritmo normal.

Mas, Ângela estava decidida. Pediu o divórcio de modo irreversível, sem qualquer emoção na voz, preocupada tão somente em se livrar do pesadelo que o casamento se lhe tornara.

O modo como a esposa colocou as coisas deixou muito claro para Fabrício que havia um outro homem envolvido na história. Há mais de um ano nada acontecia entre os dois. Pareciam dois estranhos vivendo sob o mesmo teto, mas ainda assim tinham uma vida confortável e luxuosa. Era bastante conveniente para os dois se manterem, ainda que aparentemente, como o casal bem resolvido de sempre. Então, por que Ângela iria embora, se não houvesse uma forte justificativa? Pensava ele, enquanto ela falava.

— Vou embora amanhã mesmo, Fabrício.

— Mas, tão rápido? Espere o divórcio se consolidar, pelo menos.

— Não quero ficar neste apartamento nem mais um dia.

— E vai morar aonde? Posso saber?

— Por enquanto num apart-hotel, mas é provisório, pois estou comprando um apartamento para mim.

Fabrício não teve coragem de perguntar se havia outro homem em sua vida. No fundo, tinha medo da resposta que poderia acabar ouvindo. Suas más tendências voltaram a falar mais alto. O ciúme, outra característica marcante em sua vida enquanto estava encarnado como Belizário, voltou a atormentar-lhe o pensamento. Não amava Ângela, definitivamente não a amava, mas daí a perdê-la para outro homem era um grande desaforo. E se ela já o viesse traindo? Seria por isso que andava tão arredia? Tão distante? Chegando em casa tão tarde?

Tais pensamentos reacenderam em seu íntimo o antigo desejo de vingança. Agora, não era o fazendeiro escravista que poderia mandar amarrar a esposa a um tronco, chicoteá-la e assassinar o seu amante, mas havia outras formas de se fazer justiça com as próprias mãos e ele estava, sob a influência maléfica dos Espíritos inferiores, muito tentado a fazê-la.

Várias sugestões lhe foram assopradas pelas entidades desequilibradas que acompanhavam os seus infortúnios. Mandavam-no matar Ângela naquela mesma noite. Deveria matar também a pequenina que originara toda aquela situação e, se não conseguisse escapar da polícia, seria muito fácil resolver a questão: bastaria que se suicidasse e pronto! Tudo estaria acabado.

Mil ideias desafortunadas passavam por sua cabeça, enquanto Ângela, em silêncio, arrumava as malas. Felizmente, por se encontrar sóbrio e por cultivar em seu íntimo, ainda que debilmente, resquícios de lembranças de sua vida espiritual, Fabrício não estava inteiramente fechado às sugestões dos bons Espíritos que, em contrapartida, procuravam acalmá-lo, inserindo em sua mente pensamentos de amor, renúncia e tolerância.

Ângela estava, naquele momento, jogando fora a chance concedida pelo plano espiritual de elevar-se enormemente, abdicando dos sentimentos mesquinhos do egoísmo e da vaidade, dedicando-se à proteção de Estela, aquela filha de Deus que, após tanto sofrimento, fora confiado às suas mãos.

Foi assim, com a alma dilacerada, que Fabrício viu, no dia seguinte, a esposa sair daquele apartamento pela última vez. Teve vontade de implorar a ela que ficasse, de cair de joelhos, humilhar-se, mas convenceu-se, por fim, de que nada adiantaria.

O casamento havia acabado há muito tempo e ele nada poderia fazer para impedir que ela se fosse. Nunca mais voltaram a se ver, pois, pouco tempo depois, Paulo César e Ângela venderam o escritório de advocacia e se mudaram para a Itália.

Mais tarde, ao encarar novamente a filhinha que dormia profundamente no berço, o médico sentiu um misto de ternura e piedade que se fundia ao sofrimento que lhe consumia. Pela primeira vez na vida, deixou que a emoção falasse mais alto e entregou-se a um pranto incontrolável que, de certo modo, acalentou sua alma e restituiu-lhe um pouco de paz e equilíbrio.

Foi a primeira vez que pensou em Deus, não como algo distante e inatingível; pôde senti-Lo por intermédio dos enviados de luz que ali se encontravam, e que, de alguma forma, o amparavam e o protegiam.

Estava receptivo, por isso pôde receber o alento reconfortante de seus amigos espirituais, dentre os quais, alguns parentes desencarnados que se encontravam bastante elevados.

Sentiu um grande alívio e dormiu um sono tranquilo, durante o qual, por sugestão dos bons Espíritos, sonhou com Beatriz.

Quinta parte
Vida nova

22

O retorno

"Buscai consolações para os vossos males no porvir que Deus vos prepara e procurai-lhes a causa no passado."
(E.s.E – Cap. V; item 19)

Fabrício acordou bastante intrigado com o sonho que tivera naquela noite. Vira Beatriz com a mesma aparência que ela possuía no tempo de namoro. Ela estava sorridente, amável. Abria os braços para ele e o convidava para seguirem juntos por um caminho bastante iluminado. Ele se emocionou, aceitou o convite, mas na hora em que quis abraçá-la, a moça desapareceu e em seu lugar apareceu Estela.

— Por que razão fui sonhar com a Beatriz, depois de tanto tempo? – questionou-se. — E o que minha filha tem a ver com isso?

Lembrou-se, então, de que provavelmente possuía um outro filho. Um irmão de Estela, e esta lembrança o encheu de curiosidade. Seria um menino ou uma menina? Seria uma criança normal? Saudável? Deveria estar, segundo as suas contas, com pouco mais de doze anos, época em que havia trabalhado no hospital da cidade interiorana.

Nunca, desde que deixara aquela cidadezinha, havia sonhado com qualquer coisa relacionada a ela. Em alguns momentos chegara a se preocupar, tivera um frágil desejo de procurar Beatriz algumas vezes, mas para quê? Se ela estivesse casada, o que era, no seu entender, muito provável, seria de bom tom não se aproximar. Mas se, por outro lado, ela estivesse solteira e ainda o amasse, poderia se tornar um transtorno para a sua vida. Poderia obrigá-lo a assumir a paternidade do filho. Como iria explicar aquela situação a Ângela? Fabrício nunca tivera coragem de conversar sobre aquele assunto com a esposa, aliás, com ninguém. Era um segredo dele. Algo inviolável que sempre pensou em levar para o túmulo.

Mas, e agora? Ângela já não era mais um problema. Ele era um homem livre, desimpedido.

"E se Beatriz estiver solteira? Se ainda me amar? Se aceitar a presença de Estela? Se eu puder, quem sabe, constituir uma nova família ao lado dela e de meus dois filhos?" – perguntava-se.

Esses pensamentos foram tomando conta da mente de Fabrício e uma crescente vontade de visitar a cidadezinha foi tomando-o de assalto com o passar do tempo.

Um dia, tomou coragem e decidiu. Acordou bem cedo, colocou no carro todo o material de que necessitaria para cuidar de Estela durante a viagem. Acomodou a pequenina no banco traseiro do veículo e pegou a estrada. Horas depois, estava estacionado em frente ao hospital onde trabalhara há pouco mais de uma década.

Quase nada havia mudado por ali. Parecia que nem mesmo a fachada do prédio havia sido pintada, ostentando a mesma parede ocre, coberta de nódoas, daquela época.

No interior do hospital, umas pequenas mudanças haviam melhorado um pouco a aparência do ambiente, mas as dificuldades eram visivelmente as mesmas, ou até piores.

Fabrício se apresentou e foi logo reconhecido por alguns funcionários que o cumprimentaram, solícitos. Como estava com Estela no colo, Alice, uma enfermeira que havia trabalhado com ele, providenciou uma maca para que o médico acomodasse a filha.

Após algum tempo de conversa, o médico expôs o que pretendia.

— Preciso localizar uma antiga paciente que fez várias consultas comigo, enquanto trabalhei aqui.

— O senhor se lembra do nome dela?

— Infelizmente, não. Mas eu me lembro bem do quadro clínico dessa senhora e, por incrível que pareça, até dos remédios que lhe receitei. Portanto, se eu tiver acesso ao arquivo, posso localizá-la pelo prontuário.

— Isso não vai ser muito fácil, doutor, o arquivo é bem grande, mas se o senhor acha que pode fazê-lo, tudo bem. Venha comigo e não se preocupe com a garotinha que ela será muito bem cuidada. Tão quietinha, coitadinha! Não deve dar trabalho algum.

Fabrício deu um sorriso triste e suspirou desalentado, enquanto olhava para a filha acomodada à maca.

— Quem dera fosse assim tão fácil!

E acompanhou Alice, mas fez questão de levar Estela consigo, empurrando a maca oferecida pela enfermeira.

Alice os deixou na saleta onde ficava o arquivo de prontuários do hospital e foi providenciar um café e uns biscoitinhos, pois sabia que a tarefa seria muito demorada.

Após averiguar pacientemente uma enorme quantidade de fichas, o médico encontrou a que queria. Sorriu de contentamento, pois em nenhum momento duvidara de que conseguiria.

— Dona Júlia! Tenho certeza de que é ela – disse para si mesmo, anotando num papel o endereço de sua antiga paciente.

Agradeceu efusivamente a Alice. Acomodou Estela no carro e, menos de meia hora depois, bateu palmas à frente de uma casa humilde, numa rua sem calçamento, na periferia da cidade. Quem o atendeu no portão foi seu Fagundes. Estava bastante envelhecido e magro. Seus cabelos haviam embranquecido totalmente. Tornara-se, definitivamente, um homem calmo e resignado. Tão diferente dos tempos de outrora. O sofrimento moldara nele um novo homem.

— Pois não, seu moço. O que o senhor deseja?

— É aqui que mora a dona Júlia?

— É aqui mesmo, sou o esposo dela e meu nome é Fagundes.

— Muito prazer, seu Fagundes. Meu nome é Fabrício, sou médico e andei cuidando de sua esposa há uns anos, lá no hospital. Estou a passeio na cidade e resolvi fazer uma visita; saber como ela está...

— Oh, meu filho, quanta honra para nós receber uma visita tão ilustre. Vamos entrando.

— Só um momentinho, seu Fagundes. Preciso pegar minha filha no carro.

E seu Fagundes ficou chocado quando viu aquela criaturinha mirrada e inerte no colo de Fabrício. Quis dizer qualquer coisa, mas não encontrou palavras. Apenas sorriu com compaixão e segurou o portãozinho para que os dois pudessem passar.

Dona Júlia o reconheceu imediatamente e o cumprimentou com grande alegria, convidando-o para entrar e acomodar-se no sofá da sala.

— Doutor Fabrício, que prazer rever o senhor! Voltou para trabalhar em nossa cidade?

— Não, senhora. Só estou a passeio mesmo.

— Que pena! O senhor não faz ideia de como a situação da saúde está precária por aqui. Nunca tem médico para atender, pois até os residentes que vinham da faculdade para cá, deixaram de vir. Parece que acabou o convênio com a universidade, sei lá! Só sei que o povo vive sofrendo muito por aqui. Quando alguém fica muito mal, tem que ser levado para uma cidade de maiores recursos, mas muitos acabam morrendo no caminho, antes mesmo de chegar lá. A ambulância dá meia-volta e traz o cadáver para a família enterrar.

— Mas, e as autoridades? Não fazem nada?

— O prefeito diz que nunca tem dinheiro, que cidade pequena arrecada pouco imposto. Então ele fala que a culpa é do governo do Estado que não repassa recursos para a Prefeitura, o governo do Estado põe a culpa no presidente da República e, enquanto ficam nesse jogo de empurra-empurra, a população mais carente, que não tem dinheiro para pagar médico particular, é que vai sofrendo as consequências.

— A história é sempre a mesma...

— Sem contar que, às vezes, a pessoa até consegue se consultar, mas na hora de comprar o remédio que o médico receitou, cadê dinheiro? Antigamente, havia uma farmácia social no hospital que oferecia alguns medicamentos mais comuns, mas hoje, nem isso tem mais.

Seu Fagundes deixou dona Júlia e Fabrício conversando na sala e foi para a cozinha fazer um café. Ele estava intrigado. Era a primeira vez que via o médico, mas tivera a impressão de já o conhecer. Tal pensamento trouxe-lhe uma sensação desagradável e uma íntima vontade de repeli-lo, mas ele já conhecia suficientemente a Doutrina Espírita para saber o que isso representava.

Era, sem dúvida alguma, um reencontro entre pessoas que haviam se magoado em outras encarnações. Ora, os reencontros não se dão por acaso e o verdadeiro espírita não desperdiça as oportunidades que Deus lhe concede de se reconciliar com os adversários do passado.

Ao contrário, agradece tal oportunidade e procura tirar dela o melhor proveito possível, por meio da prática do perdão.

— Onde estão seus filhos, dona Júlia? – perguntou Fabrício, em busca de seu verdadeiro objetivo.

— Nas casas deles. Todos já se casaram. Nesta casa, agora, moramos só eu e meu marido.

Fabrício ficou decepcionado com a resposta.

— E aquela mocinha que ia sempre com a senhora às consultas?

Dona Júlia suspirou fundo.

— Está falando da minha querida Bia, doutor?

— Isso mesmo. A Beatriz casou-se também?

— Infelizmente, não.

Fabrício reanimou-se.

— Ela está solteira?

— Não, doutor. Minha querida filhinha está morta.

O médico estremeceu.

— Morta? Mas o que houve?

— Doutor Fabrício, isso não é segredo para ninguém na cidade. Todo mundo sabe que ela se matou. Bebeu veneno.

O rosto dele ficou lívido. Seu coração entrou em descompasso.

— Mas, como? Quando? – perguntou automaticamente, mas no fundo, não queria ouvir a resposta.

— Faz doze anos, doutor. Foi logo depois que o senhor deixou de trabalhar no hospital.

Uma onda de terror o invadiu inteiramente. Seu corpo tornou-se flácido, as pernas tremiam, a voz saiu arrastada.

— Mas, por quê?

— Essa é uma pergunta que eu venho me fazendo todo esse tempo, doutor. Meu marido acha que foi por causa dele. Ele era muito enfezado, era muito rígido com as filhas, não dava trégua para elas... Depois da tragédia, ficou tão amuado, que acabou doente. Tornou-se incapaz para o trabalho e terminou se aposentando por invalidez.

E Fabrício, que naquele momento não tinha controle algum sobre suas emoções, deixou escapar.

— Mas... Não foi por causa dele...

— Eu sei. É o que eu vivo dizendo, mas não tem jeito. Desde que a nossa menina se foi, o Fagundes vive numa tristeza de fazer dó. Se bem que depois que ele descobriu a grande verdade as coisas mudaram bastante.

— Grande verdade? Que grande verdade é esta?

Dona Júlia ia explicar, mas foi interrompida pelo marido, que entrou com uma xícara de café recém-coado.

Então, ela pediu permissão para pegar Estela no colo. Desde que vira a menina entrar, nos braços do pai, estava ansiosa para pegá-la. Inexplicavelmente, sentiu uma imensa atração por aquela criaturinha minúscula e imóvel que estava ali à sua frente.

Havia alguma coisa no ar que dona Júlia não compreendia de todo, mas que lhe intrigava bastante. Por que aquela criança adentrava a sua casa justamente num momento em que a lembrança da filha morta lhe era tão forte?

— Me dê a menina, doutor. Para o senhor poder tomar o seu café bem sossegado.

Fabrício conseguiu, aos poucos, recuperar a calma. As informações que acabara de receber criara um turbilhão sísmico em seu interior. Sabia agora que havia sido o responsável pelo suicídio de Beatriz; que a sua atitude covarde e egoística a levara a tomar aquela drástica iniciativa. Estava se sentindo muito mal, mas não poderia falar nada. Temia a reação do casal. Estava confuso e com muito medo do que poderia acontecer.

— Acho que a senhora não vai conseguir ficar com esta menina no colo, dona Júlia.

— E por que não, doutor? Criei cinco filhos e agora tenho oito netinhos. Não se preocupe.

Dona Júlia abraçou Estela, aconchegando-a no peito. Pela primeira vez, Fabrício percebeu que a presença de Estela não afetava a pessoa que a sustinha no colo. A mãe de Beatriz ficou olhando para a menina de um jeito tão carinhoso, que ele chegou a se emocionar.

— Ela gostou da senhora, dona Júlia.

— Eu sei. Também gostei muito dela. Por que ela é assim, doutor?

— É o que eu tenho me perguntado desde que ela nasceu.

— Mas o senhor nunca procurou saber? – perguntou seu Fagundes.

— Já. Mas infelizmente a medicina não tem explicação para tudo.

— Mas, Deus tem – afirmou dona Júlia.

— Ele pode ter, mas não nos conta.

— Se quisermos mesmo saber, Ele nos dá todas as pistas.

— Como assim?

— Temos que fazer a coisa certa. Procurar as pessoas certas...

— Por exemplo?

Seu Fagundes fez um breve sinal para que a esposa silenciasse e entrou definitivamente na conversa.

— O senhor já ouviu falar em espiritismo, doutor Fabrício?

— Claro, seu Fagundes. Muitas vezes.

— Quando minha filhinha morreu, eu fiquei muito inconformado. A princípio, quase me matei também de tanto desgosto. Mas, um dia, um amigo, que é médium e trabalha num Centro Espírita, me procurou e falou que minha filha não estava morta, que ela estava apenas habitando num outro plano. Disse que o nosso corpo é só uma roupagem transitória; que nós somos Espíritos e que o Espírito é imortal. Disse que os nossos sentimentos ficam enraizados em nós, mesmo depois que o corpo se decompõe e que nós continuamos sendo a mesma pessoa que éramos enquanto encarnados. Garantiu que Beatriz continuava nos amando do mesmo jeito que amava antes, mas que estava precisando de ajuda.

— E o senhor acreditou nisso?

— No princípio, não. Mas eu estava tão desesperado, que a simples ideia de que Beatriz pudesse estar viva, já me deu um novo ânimo. Então, eu aceitei o convite para ir à Casa Espírita e lá, doutor, tempos depois, foi que eu tive a prova de que de fato minha filhinha querida estava viva.

— Como assim? O senhor a viu?

— Não vi, mas ela se manifestou. Estava tão perdida lá do outro lado, quanto eu estava aqui. Nossas preces e a nossa fé em Deus foi que a ajudou a se livrar da escuridão em que a coitadinha se achava. Depois, já bem mais tarde, ela voltou a se manifestar e nos garantiu que está bem melhor. Eu e a Júlia abraçamos o espiritismo. Adotamos o Evangelho em nossas vidas e não temos mais nenhuma dúvida de que a nossa vida, doutor, é muito mais do que essas coisas materiais que nos cercam. Essa é a grande verdade a que minha esposa estava se referindo agora há pouco.

— Vocês conversaram com sua filha depois de morta?

— Ela não está morta, doutor. Está apenas desencarnada, mas continua tão viva quanto antes. Ela se comunica por meio dos médiuns e nós podemos sentir a presença dela. É uma coisa indescritível, doutor. Sabemos que ela está se preparando para a próxima encarnação, pois a pobrezinha deixou muita coisa inacabada por aqui. Sabemos agora que é assim que as coisas funcionam; quando não aproveitamos a encarnação de modo satisfatório e deixamos as tarefas inacabadas, precisamos voltar para terminá-las.

— O senhor acha que o problema da Estela pode ter alguma coisa a ver com a espiritualidade? Alguma coisa que eu tenha feito de errado e que agora vou ter de corrigir, passando por esta provação?

— Tudo o que nos ocorre na vida tem muito mais a ver com a espiritualidade do que com a materialidade, doutor. Porque nós somos Espíritos e não matéria. Os nossos corpos apenas refletem aquilo que o Espírito sente. Eu olho ali para a sua filha e não consigo pensar de modo diferente. Esse problema dela está diretamente ligado a reparações cármicas. Alguma coisa que une vocês dois e que teria que acontecer desse modo.

— Será mesmo?

— Por que o senhor não procura esclarecimento?

— De que jeito?

— Indo a um Centro Espírita.

— Seu Fagundes, minha vida é muito atribulada. Além disso, tem o problema da Estela... Não posso deixá-la com ninguém...

— Somente quando não temos certeza de que queremos fazer alguma coisa, é que motivos não faltam para nos desanimar. Quando é que o senhor vai embora?

— Pretendo retornar a São Paulo hoje mesmo.

— Tem compromissos urgentes por lá?

E Fabrício pensou no imenso vazio que era a sua vida.

— Para dizer a verdade, não.

— Então, fique. Se o senhor não exigir muito conforto, pode até ficar aqui em casa. À noite, vamos juntos à Casa Espírita. Estela pode ir também, não fará nenhum mal a ela.

Fabrício, pego de surpresa, olhou para dona Júlia. Ela sorriu amavelmente e acenou a cabeça confirmando o convite feito pelo esposo.

— Só depende do senhor, doutor Fabrício. Para nós, a sua presença e da sua filhinha será motivo de muita alegria.

23

Revelação

"Fé inabálavel só é a que pode encarar de frente a razão, em todas as épocas da humanidade ."
(E.s.E – XIX; 7)

Assistindo àquelas cenas, do plano espiritual, Beatriz, bastante emocionada, não pôde deixar de comentar com Augusto:

— Os desígnios divinos são maravilhosos e atuam sobre nós o tempo todo. Quantas situações nos ocorrem na vida, sem que percebamos serem elas fruto da providência de Deus! Quantas oportunidades o Criador nos oferece para crescermos!

— Prova de que o amor d'Ele por nós é infinito – reforçou Augusto.

— O sonho que despertou em Fabrício o desejo de retornar à minha cidade; o fato de encontrar meus pais totalmente envolvidos com a Doutrina Espírita; a recíproca amizade entre Estela e mamãe; o convite de papai para que Fabrício, não só fosse com eles ao Centro Espírita, mas que se hospedasse na casa deles... Quanta graça, meu Deus! Como o Senhor é atencioso e caridoso para com os seus filhos!

Após tanto sofrimento, solidão e carência afetiva, Fabrício encontrava naquele casal o carinho e a atenção de que tanto necessitava. Voltava a se sentir querido. Estela e dona Júlia se entenderam perfeitamente bem, dando uma trégua, deixando Fabrício um pouco mais desobrigado de suas tarefas. Seu Fagundes leu para ele várias passagens de O Evangelho segundo o Espiritismo e deu-lhe muitas explicações sobre a multiplicidade das encarnações humanas.

Antes mesmo de adentrar a Casa Espírita, onde foi muito bem recebido, Fabrício já tinha uma boa noção do que encontraria ali.

Naquela noite, foi permitido que Beatriz se manifestasse mais uma vez na Sessão Mediúnica e esta foi a sua mensagem:

— Queridos irmãos em Deus. Que a luz do nosso Divino Mestre possa nos iluminar e afastar de nós as trevas da ignorância e do ceticismo. Abençoados sejamos todos nós que aqui nos encontramos, num momento tão especial, onde antigos laços rompidos pela barreira do tempo voltam a se unir. Num passado, não muito distante, estivemos juntos e, infelizmente, não fizemos bom uso de nosso livre-arbítrio, entregando-nos aos vícios e aos mesquinhos sentimentos de vaidade, orgulho e egoísmo. Dessa forma, nos torturamos imensamente e criamos feridas profundas em nós mesmos. Mas, Deus, que é todo bondade e justiça, dá sempre aos seus filhos a oportunidade da reparação. É por isso que estamos aqui, neste momento, juntos, para repararmos as faltas cometidas. É imprescindível que perdoemos e que nos amemos, pois somente o amor sincero, desapegado de sentimentos menores, pode salvar a humanidade da perdição. Encaremos com amor e responsabilidade este momento e agradeçamos ao Pai Todo-poderoso pela maravilhosa oportunidade que nos é oferecida. Chega de sofrimento, meus irmãos! Purifiquemos os nossos corações, porque a tarefa não está terminada e é imperioso que nos preparemos para a sua continuidade. Só assim, venceremos as antigas animosidades do passado, curaremos as velhas chagas e encontraremos a verdadeira felicidade. Fiquem com Deus, meus queridos irmãos. Que o Pai celestial nos abençoe!

Ao voltar para a casa, Fabrício estava visivelmente emocionado. Dona Júlia instalou pai e filha no antigo quartinho de Beatriz, onde quase tudo continuava inalterado. O médico praticamente não conseguiu dormir. Passou a noite remoendo um profundo remorso, sentindo-se arrasado.

Agora, as coisas começavam a lhe fazer sentido. Então, o nascimento de Estela, com aquele grave problema, não era mesmo à toa.

"Mas quem será esta menina? – perguntava-se. – Será a reencarnação de Bia? Não, não pode ser, afinal ela se manifestou do plano espiritual. Pelo jeito, continua desencarnada. Será o filho que ela estava esperando? Ou será alguma outra pessoa que eu tenha prejudicado noutra existência?".

E as dúvidas prosseguiam. O remorso também não lhe dava trégua. Sentia-se muito mal por estar ali, desfrutando do carinho e da hospitalidade dos pais daquela a quem havia desgraçado.

Pensou bastante, pediu ajuda a Deus e, quando acordou, estava decidido a colocar tudo em pratos limpos.

— Tenho uma dolorosa confissão para fazer a vocês – disse Fabrício, durante o café da manhã. – É bem possível que vocês não me perdoem e não queiram me ver nunca mais, após o que vou lhes contar.

O casal se entreolhou, intrigado.

— Não sou o médico distinto que veem em mim. Na verdade, não passo de um sujeito egoísta e mau caráter, que não merece a menor consideração.

— Tem certeza de que quer continuar esta conversa? – interferiu seu Fagundes.

— Absoluta! Por favor, deixem-me falar, senão eu vou enlouquecer.

— Tudo bem – disse dona Júlia. — Continue, mas não precisa se depreciar tanto.

— Na verdade, não estou me depreciando o suficiente. O que vou lhes contar tem a ver com a Beatriz e é bem provável que eu seja expulso desta casa, após o que vou dizer.

O médico então narrou, com voz quase sumida, todo o episódio que agora o consumia.

— Tive um namoro com a filha de vocês. Nós nos encontrávamos às escondidas no meu apartamento, no horário em que ela deveria estar na escola. Beatriz acabou engravidando e eu sugeri que ela abortasse. Ela não aceitou a proposta, ficou indignada. Foi embora com raiva. Eu fiquei com medo de encarar a situação. Estava noivo em São

Paulo. Pretendia me casar. Achei que ela poderia resolver tudo sozinha. Acovardei-me. Deixei-a só, desamparada e fui embora, pois o meu período de trabalho aqui já havia expirado. Sou o responsável pela morte da filha de vocês. Como veem, ela estava grávida e foi por isso que se matou.

Fabrício estava chorando muito quando terminou a narrativa. Um silêncio profundo se abateu sobre aquela casa. Somente os soluços dele podiam ser ouvidos.

Seu Fagundes e dona Júlia estavam cabisbaixos. Rezavam, pedindo forças para suportarem a dor daquela revelação. Então, a mulher foi inspirada a repetir, à sua maneira, parte do que Beatriz havia dito na noite anterior, no Centro Espírita:

— Nós somos abençoados, pois estamos aqui, neste momento tão especial, onde os antigos laços, interrompidos pela força do tempo, voltam a se juntar. Sofremos muito e causamos sofrimentos, criando muitas feridas em nós nos outros. Precisamos encarar com amor e responsabilidade este momento e agradecer ao Pai Todo-poderoso pela maravilhosa oportunidade que Ele está nos dando. Chega de sofrimento! Vamos abrir os nossos corações para o amor e o perdão, porque a tarefa não está terminada e é preciso estar preparados para a sua continuidade. Afinal, não foi isto que a Beatriz nos disse ontem, no Centro Espírita? – perguntou.

E seu Fagundes completou, elevando uma verdadeira oração ao Pai celestial:

— Dê força para nós, oh, bom Deus! Dê resignação e paciência para as nossas almas suportarem os espinhos das provações deste momento. Acalme em nossos corações a grande fornalha das nossas imperfeições. Ajude-nos a ser justos e compreensivos para com os nossos irmãos. E obrigado pela oportunidade que nos é dada. Está muito claro, Senhor, que este encontro foi programado pela Divina Providência e nós agradecemos por isto. Muito obrigado!

Dona Júlia foi a primeira a se levantar. Envolveu Fabrício num abraço.

— Quem sou eu para atirar a primeira pedra em um pecador? Por acaso, não sou também uma pecadora? Não sofra ainda mais, meu filho. O momento é de perdão e não de condenação.

O esposo juntou-se a ela neste abraço. Os três estavam chorando, mas não era um pranto desesperado e incontido. Era um choro leve, que lhes desafogava a alma, que os unia de modo inequívoco e sincero. Era a prática do perdão operando milagres.

— Se o que você quer é o nosso perdão, meu filho, você o tem. De que adiantaria abraçarmos a Doutrina Espírita, o Evangelho de Jesus, se não os colocássemos em prática, no momento em que somos convidados a fazer isto? Ninguém é só vítima, nem só algoz. Somos um pouco de cada coisa, pois somos todos imperfeitos em busca de elevação, e somente o caminho do amor, da caridade e do perdão será capaz de nos elevar.

Nesse momento, Estela, que se encontrava acomodada num sofá, no canto da copa e que nunca havia emitido um único som, soltou a voz.

Fabrício levou um enorme susto que se transformou em alegria quando se deu conta do que se passava. Pela primeira vez, podia ouvir a voz de sua filhinha, uns sussurros embolados que soavam suavemente e invadiam os seus ouvidos como a acariciá-los.

Também, pela primeira vez, notou que ela estava com os dois olhinhos bem abertos, movendo-os lentamente de um canto a outro do aposento.

— O que está acontecendo aqui? Falem, pelo amor de Deus! Isto é real, ou eu estou delirando?

— Não é delírio, meu filho, é a providência divina agindo sobre nós. Somos uma só família e o grande Pai de todos nós está nos dizendo que estamos no caminho certo – respondeu dona Júlia.

E a emoção daquele maravilhoso momento contagiou os protagonistas dos dois planos. Augusto, que se encontrava junto a Beatriz, sentiu-se enlevado pela grandiloquência da cena.

Abraçou-a carinhosamente e disse:

— É isto, minha querida! É exatamente isto que o Criador espera de nós. É isto que Ele espera dos seus filhos tão queridos!

E a moça nada pôde responder, pois a emoção embargara-lhe completamente a voz. Limitou-se a sorrir e a deixar que lágrimas de profunda alegria e comoção lhe banhassem o rosto.

24

Mudandode vida

"O homem pode suavizar ou aumentar o amargor de suas provas, conforme o modo porque encare a vida terrena."
(E.s.E – Cap. V; item 13)

Fabrício perdeu a pressa de retornar para São Paulo. Decidiu aceitar a oportunidade que os pais de Beatriz lhe ofereceram e acomodou-se um pouco por lá. Estava mesmo precisando relaxar e o apego entre dona Júlia e Estela, possibilitava-lhe usar um pouco mais o tempo em proveito próprio.

Seu Fagundes o convidava sempre para pescar. Estela ficava com dona Júlia e os dois passavam horas à beira do rio. Na verdade, não pegavam quase nenhum peixe, mas conversavam muito durante essas pescarias e estreitavam os laços da amizade pura e sincera que estava se iniciando entre eles.

Pela primeira vez, Fabrício percebeu como é saudável e prazerosa a vida no interior. Descobriu muitos valores adormecidos em seu íntimo. Surpreendeu-se com a suavidade da aragem, o cheiro das flores campestres, o cântico dos pássaros e, principalmente, com a descoberta da constante presença de Deus no cotidiano dos homens, como seu Fagundes sempre lhe lembrava.

Por uma questão bastante óbvia, os pais de Beatriz decidiram que a revelação feita por ele não seria levada ao conhecimento dos filhos. Eles não estavam preparados para entender tal procedimento e poderiam se tornar hostis com Fabrício, acusando-o de um crime do qual, para dona Júlia e seu Fagundes ele já estava perdoado.

Continuaram frequentando, juntos, o Centro Espírita, e Fabrício iniciou os estudos da Doutrina. Encantou-se com a descoberta dos livros da codificação de Kardec, onde encontrou respostas para todas as dúvidas que há tanto tempo vinham lhe inquietando a alma.

Sua carência espiritual era tão grande que ele absorveu, de modo racional, mas com muita credulidade, grande manancial de ensinamentos num espaço bastante curto de tempo. Capacidade intelectual para isso não lhe faltava, inteligência ele tinha de sobra, faltava apenas o que a convivência com os novos amigos lhe proporcionou, ou seja, a iniciativa de bater à porta.

Os dias se passaram rapidamente e o convívio criou entre eles um inquebrantável vínculo.

Quando se preparava para retornar à capital, prometendo voltar em breve para nova visita, uma notícia inesperada mudou os planos de Fabrício.

Ele estava preparando o carro para a viagem, quando seu Fagundes, que havia ido à padaria, trouxe a péssima notícia.

— Aconteceu uma coisa horrível, doutor Fabrício.

— O que foi, seu Fagundes? O senhor está muito nervoso. Acalme-se e me conte bem devagar o que houve.

— Um acidente... Um acidente terrível! Um ônibus caiu numa ribanceira próximo daqui... O hospital está cheio de gente ferida e não tem médico lá para socorrer ninguém. Os enfermeiros estão fazendo o que podem, mas está muito difícil. Então, eu me lembrei do senhor...

Dona Júlia, que estava próxima e ouvira a conversa, olhou para Fabrício com um olhar de súplica.

— Vá lá, doutor! Ajude essa gente.

— Mas... E a Estela?

— Deixe-a comigo. Não se preocupe, que eu cuido dela.

Fabrício entrou no carro e saiu em disparada. Seu Fagundes e dona Júlia, abraçados, amparando nos braços o corpinho de Estela, ficaram observando-o.

— Como Deus é misericordioso – disse dona Júlia. – Não foi à toa que o doutor precisou estar aqui no dia de hoje.

E seu Fagundes concordou, abanando a cabeça. Ambos não tinham a menor dúvida sobre o que estavam falando.

De repente, como por encanto, Fabrício se viu atuando no mesmo hospital em que trabalhara na época de recém-formado. Quase nada mudara por ali, mas dentro dele uma substancial mudança havia se operado. As ilusões criadas pela vaidade haviam se dissipado. Os antigos valores que o fizeram ser tão frio e egoísta diante dos percalços alheios o haviam conduzido a um grande nada, a um imenso vazio existencial.

A felicidade não pudera ser amealhada por intermédio daqueles valores; as conquistas advindas de interesses tão mesquinhos e egoísticos se lhe escaparam por entre os dedos, pois eram efêmeras e ilusórias, já que estavam alicerçadas unicamente em questões menores.

Agora, não via em seus pacientes apenas corpos desgastados e feridas pustulentas a exigirem reparos. Via irmãos sofredores que necessitavam de amparo físico e moral. Não eram apenas doentes, cujas mazelas serviam para engordar-lhe a conta bancária, eram filhos de Deus, confiados às suas mãos para receberem alívio aos seus sofrimentos.

Vinte e três pessoas ficaram gravemente feridas no acidente, mas ninguém morreu. A intervenção de Fabrício foi a grande responsável por isso, pois somente cinco horas mais tarde apareceu na cidade um outro médico para auxiliá-lo. É muito provável que durante este período alguns feridos não houvessem resistido, pois vários deles passaram por cirurgias delicadíssimas, para que fossem estancadas graves hemorragias que teriam, certamente, provocado alguns óbitos.

O episódio retardou ainda mais o retorno de Fabrício à capital e permitiu-lhe a graça de estar junto dos pais de Beatriz por mais quatro semanas, pois sua presença no hospital, embora voluntária, já que não receberia nenhum pagamento pelo serviço prestado, era imprescindível.

Somente após certificar-se de que nenhum de seus atendidos corria o risco de morrer, foi que decidiu ausentar-se.

Mas, seu modo de encarar a vida já estava totalmente modificado. Fabrício tomou, talvez, a decisão mais importante de sua existência: desfez-se de alguns bens, adquiriu uma propriedade naquela cidade e se mudou para lá.

Passou a atender voluntariamente no hospital local e construiu uma pequena clínica, onde somente quem tinha condição de pagar pelo tratamento o fazia. Os pacientes necessitados eram tratados do mesmo modo que aqueles que dispunham de recursos financeiros, sem que para isso precisassem pagar um centavo sequer.

Periodicamente, Fabrício comprava em São Paulo uma boa quantidade de medicamentos para abastecer a farmácia comunitária, que atendia aos enfermos mais carentes.

Anos mais tarde, contando com um pequeno apoio de órgãos governamentais, mas sobretudo com recursos próprios e de alguns voluntários, fundou, juntamente com o Centro Espírita, do qual tornou-se incansável trabalhador, a Instituição Benemérita Estela de Deus, cujo objetivo era dar assistência às crianças deficientes, aos órfãos e à velhice desamparada.

As instalações foram edificadas num terreno baldio, pertencente à Casa Espírita. A participação de seu Fagundes e de dona Júlia foi de suma importância para a concretização deste projeto, por meio do qual Fabrício galgou importantes degraus em sua escalada espiritual.

A inabalável fé em Deus que passou a cultivar, tornou-o bastante receptivo às boas sugestões enviadas pelos Espíritos elevados. Dessa forma, suas relevantes obras, certamente o dignificaram perante Deus. Sua jornada rumo à reparação das faltas passadas estava finalmente se iniciando.

Submetida a um delicado tratamento aplicado no Centro Espírita, somado a modernos procedimentos clínicos, Estela melhorou consideravelmente o seu quadro físico. Mas, principalmente, livrou-se do peso que a mágoa se lhe impusera à alma. Deixou de se sentir rejeitada, pois o amor de Fabrício para com a filha aumentava muito, à medida que crescia dentro de si a fé em Deus e o esclarecimento espiritual.

O médico agora não tinha mais a menor dúvida de que todas as mazelas presentes, são consequências das más atitudes passadas e de que o bom comportamento de hoje, representará as alegrias vindouras. De que é a atual semeadura que determina o fruto a ser colhido no futuro.

25

Epílogo

"Os efeitos da lei do amor são o melhoramento moral da raça humana e a felicidade durante a vida terrestre."

(E.s.E – Cap. XI; item 9)

Faz vinte e cinco anos que Beatriz desencarnou. Depois de todo o sofrimento enfrentado no Umbral e daquela estada reconfortante com Ivone e Augusto, foi em busca de instrução e trabalho. Hoje ela se mantém bastante ocupada, enquanto espera a nova oportunidade de reencarnar, para terminar a tarefa que deixou inacabada na Terra.

Seus pais estão velhinhos, mas ainda não chegou o momento de se reencontrarem com ela. Fabrício e Estela também continuam a sua jornada terrena. Beatriz sabe que os três terão que se reencontrar futuramente e, sem qualquer lembrança das coisas negativas que os une há tanto tempo, conviverem juntos, perdoarem-se e se amarem, incondicionalmente.

Ela tem acompanhado o passo a passo de seus entes queridos na vida terrena e, sempre que lhe é possível, sem se intrometer na lei universal do livre-arbítrio, procura ajudá-los. Não só a eles, mas a todos aqueles que necessitam e que pedem auxílio.

Às vezes, Beatriz, apesar das ocupações, arruma tempo para visitar Ivone e Augusto. O Abrigo das Azaleias está sempre hospedando Espíritos que são periodicamente socorridos do Umbral, mas que se encontram com um razoável nível de equilíbrio, podendo receber tratamento ali mesmo.

Após o seu completo restabelecimento, quando conversou com Augusto sobre o desejo de estudar e trabalhar em favor dos irmãozinhos necessitados, ela teve uma agradabilíssima surpresa. Augusto a pegou pela mão, sentaram-se, como de costume, no gramado do jardim das azaleias e ele fez a grande revelação:

— Augusto é meu segundo nome. Meu primeiro nome é Mário – disse.

— Mário Augusto é uma perfeita combinação de nomes – elogiou Beatriz, sem entender o motivo daquela conversa.

— Isto não lhe diz nada?

— Deveria?

— Você está pouco perspicaz , minha querida!

— Não estou entendendo nada, seu Mário Augusto. Onde você quer chegar? – brincou a moça.

Então ele segurou as mãos dela; olhou-a no fundo dos olhos e disse com um tom de voz muito brando e visivelmente emocionado.

— Em minha última estada na Terra, fui batizado com o nome de Mário Augusto, mas como eu não era muito desenvolvido fisicamente, as pessoas logo passaram a me chamar de Marinho e este apelido carinhoso me acompanhou por toda a vida.

Beatriz sentiu o coração bater mais acelerado.

— Marinho? Então você é o irmão de Elisa? Quer dizer... O meu irmão?

Os olhos de Augusto brilhavam de alegria.

— Lembra-se de que, quando nos vimos aqui pela primeira vez, eu lhe falei que era um velho conhecido seu?

A voz de Beatriz soou trêmula.

— Sim. E depois você disse que Elisa e o irmão conviveram juntos no plano espiritual.

— Exatamente...

— Por que demorou tanto para me revelar isto?

— No início, porque era necessário. Você estava sobrecarregada demais para acumular mais emoções. Depois, adiei de propósito, porque queria lhe fazer esta surpresa num momento bem especial.

— Especial?

— Sim. Este momento é muito especial, pois você está se sentindo curada. Quer trabalhar, ajudar aos outros... Você acha que isso é pouco?

Ficaram abraçados durante um bom tempo. Beatriz havia reencontrado o irmão que tanto sofrera após aquela dramática separação, mas que tivera a grandeza de transformar essa dor em ofertório, em auxílio ao próximo, em amor e caridade.

— Oh, Deus, como são maravilhosos os laços de amor que eternizam as boas relações! Como é bom conquistarmos para sempre o apreço dos nossos irmãos e poder desfrutar desse nobre sentimento aqui, na pátria espiritual! – exclamou Beatriz chorando de felicidade.

Porém, sua curiosidade não estava saciada e ela perguntou, tão logo pôde recuperar o controle emocional.

— E Ivone, quem é esta mulher tão amorosa que está sempre ao seu lado?

Augusto sorriu e seus olhos se encheram de luz.

— É o meu grande amor! Ela é a filha do seu Emílio, o marceneiro que tanto me ajudou. Nós já havíamos encarnado várias vezes juntos e desenvolvemos um amor recíproco e muito sincero.

Naquela encarnação, ela havia pedido para ocupar um corpo deficiente para adiantar-se nas reparações de antigas faltas cometidas. A mim, foi concedida a oportunidade de estar com ela e de dar provas irrefutáveis desse grande amor. Graças a Deus, fiz bom uso dessa chance e cuidei de Ivone, mesmo não havendo qualquer obrigação e nem compensação aparente para isso. Fi-lo unicamente por amor, um amor desapegado de qualquer interesse pessoal. Assim, imensa foi a nossa alegria ao nos depararmos, do lado de cá, com a recompensa de nossas ações. Ela, por ter aceitado condignamente a condição de aleijada, mantendo, apesar da triste provação, uma imensa e inabalável fé em Deus. Eu, por ter conseguido provar a magnitude do amor que a ela dedicava, apesar do esquecimento imposto pela matéria. Por isso, estamos hoje juntos, trabalhando neste abrigo que é para nós motivo de tanta felicidade.

— Mas, você se afastou dela por uns tempos, afinal, foi o meu guia espiritual...

— Bia, minha irmãzinha! Não existe ausência no plano espiritual. Eu pedi para ser o seu guia durante a sua encarnação e procurei cuidar sempre de você, mas jamais me ausentei daqui ou do coração de Ivone. Quando as pessoas se amam, estão sempre unidas. Se a ubiquidade é dificultada pela solidez da matéria, enquanto estamos encarnados, nada representa em termos de empecilho para a imaterialidade do Espírito. Movemo-nos pelo pensamento e o que é o pensamento, senão o reflexo dos nossos sentimentos? Estamos sempre ao lado daqueles a quem amamos.

E permaneceram ali, sentados no gramado, conversando, gozando a imensa alegria do reencontro, agradecendo a Deus pelo maravilhoso júbilo que lhes era concedido.

Ao longe, os fúlgidos raios de um sol extraordinariamente dourado explodiam em flashes irradiantes; filtrando-se entre as nuvens, cobrindo de luz toda a paisagem.

Colibris e borboletas agitavam-se alegremente entre os canteiros floridos. Uma renovada emoção envolvia os corações dos dois irmãos, enquanto o doce perfume dos néctares espargia-se e contagiava inteiramente o Abrigo das Azaleias.

Recostada no ombro de Augusto, Beatriz, contemplando a beleza imensurável daquela paisagem, sussurrou no ouvido do irmão:

— Deus existe mesmo! Existe e é simplesmente maravilhoso!

Fim.

TRILOGIA - HISTÓRIA DA EVOLUÇÃO ESPIRITUAL DA HUMANIDADE

Os Exilados da Capela
Edgard Armond
14x21 cm | 192 Pág.

A formação e evolução das raças no planeta Terra. Obra extraor-dinária que cuida das grandes indagações dos homens acerca do início da humanidade.

Na Cortina do Tempo
Edgard Armond
14x21 cm | 128 Pág.

Sobreviventes salvos da Atlântida preservam seus conhecimentos destinados à posteridade.

Almas Afins
Edgard Armond
14x21 cm | 160 Pág.

A trajetória de Espíritos afins desde a submersa Lemúria até os dias atuais.

DOUTRINÁRIOS

Um tratado completo sobre a faculdade mediúnica, com a classificação das mediunidades e seus métodos de desenvolvimento. De fundamental importância a médiuns, alunos e estudiosos do assunto.

Gênero: Mediunidade
14x 21 cm | 288 páginas

Roteiro elaborado para uma melhor compreensão da dinâmica dos movimentos do passe padronizado e suas aplicações benéficas nesses acontecimentos.

Gênero: Instruções
14x 21 cm | 176 páginas

Curso Básico de Espiritismo que narra os principais fatos e personalidades que fizeram a história e o desenvolvimento do Espiritismo no Brasil e no mundo, e a importância do estudo da Doutrina.benéficas nesses acontecimentos.

Gênero: Espiritismo
14x 21 cm | 192 páginas

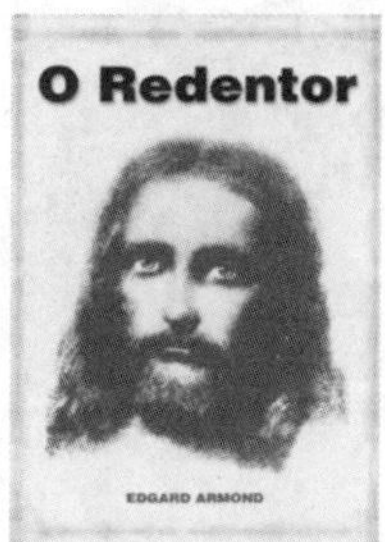

Levantamento sobre a vida, a personalidade, a doutrina e os fatos mediúnicos notáveis que marcaram a trajetória do Cristo na Terra, numa linguagem acessível e concisa.

Gênero: Didático
14x 21 cm | 224 páginas

OBRAS DE ROBERTO DE CARVALHO

Apresentando graves sintomas de doença terminal, não acusada em exames clínicos, Juliano recebe tratamento em um Centro Espírita, onde é desvendada a perseguição de vingadores espirituais.

Gênero: Romance Espirita
16 x 23 cm |352 páginas

Elias é falsamente o acusado de haver cometido um crime. Após longa pena num presídio, fica sabendo que o ex-patrão está morto. Endurecido pela revolta, encontra no espiritismo esclarecimento e conforto.

Gênero: Romance Espírita
14x 21 cm |224páginas

Romance mediúnico, inspirado pelo Espírito Basílio, que traz como fundamento maior a prática da caridade, por meio do amor incondicional entre os homens.

Gênero: Romance Espírita
14x 21 cm |224páginas

OBRAS DE SAARA NOUSIAINEN

Nesta obra, a autora indica a melhor forma de nos prepararmos para os eventos referentes à transição planetária, além de nos capacitar a colaborar como presenças benéficas nos acontecimentos vindouros.

Gênero: Doutrina Espírita
16x 23 cm | 224 páginas

Obra simples, direta e elucidativa, abordando diversos temas relacionados à Doutrina Espírita, utilizando o método de perguntas e respostas.

Gênero: Espiritismo
14x 21 cm | 256 páginas

Tudo sobre o mundo espiritual e seu interrelacionamento conosco, nos milenares processos evolutivos do ser humano e da vida. Os ensinamentos de Jesus sob nova ótica e muitas outras questões.

Gênero: Espiritismo
12 x 15 cm | 208 páginas

Com estilo leve e agradável, por vezes divertido, a autora põe na trama desses enredos verdades profundas que nem sempre são percebidas no cotidiano. Com 24 contos em que se combinam lições de vida e emoções.

Gênero: Contos
14x 21 cm | 160 páginas

OBRAS DE NELSON MOARES

Do mesmo autor de "Um Roqueiro no Além", esta obra reúne relatos de lembranças de uma vida passada pelo Espírito Zílio.

Gênero: Espiritismos | 14 x 21 cm | 160 páginas

Nesta obra, a autora, com o estilo simples, envolvente e esclarecedor, indica a melhor forma de nos prepararmos para os eventos vindouros,além de nos capacitar como presenças benéficas nesses acontecimentos.

Gênero: Espiritismo
14x 21 cm | 128 páginas

Allan Kardec foi o cientista da alma, Albert Einstein deu alma à ciência! Desenvolveram nos corações uma religiosidade genuína, fundamentada em um conhecimento científico da natureza humana.

Gênero: Filosofia
14x 21 cm | 160 páginas

OBRAS DE NELSON MORAES

As histórias aqui apresentadas induzem o leitor a refletir sobre o funcionamento das leis universais, a imortalidade da alma e a pluralidade das encarnações; dentre outros elementos relevantes à evolução moral do homem.
Destaca ainda a importância do amor incondicional e a dinâmica das relações familiares como fatores determinantes, a impulsionar a humanidade rumo à felicidade celestial, tão propagada por Jesus.

Gênero: Contos
14 x 21 cm | 128 páginas

Para onde vão as crianças? De que forma somos protegidos das "balas perdidas", dos acidentes, das enfermidades...? O Espírito Aulus através do médium Nelson Moraes, responde à interessantes perguntas.

Gênero: Contos/Crônicas
14 x 21 cm | 128 páginas

O perdão é o verdadeiro caminho da felicidade. A obra narra episódios onde incompreensão e mágoa funcionam como cárceres mentais, atravancando o progresso moral do homem.

Gênero: Espiritismo
14 x 21 cm | 128 páginas